面向"十三五"高职高专项目导向式教改教材·财经系列

会计岗位综合实训

陈小英 主 编

张仁杰 樊 葵 于春燕 副主编

清华大学出版社
北 京

内 容 简 介

本书涵盖了基础会计、财务会计、成本会计的基本理论知识，实训内容以一个企业12月份发生的典型业务为资料，按照会计核算工作的程序要求，让学生独立完成一个月的会计处理业务流程，包括期初建账、填制与审核凭证、登记账簿和编制会计报表。

为了及时将本学科的最新知识引入教学，本书在编写过程中结合了财政部于2014年以来陆续修订、制定的《企业会计准则》及其他现行企业会计准则等，并体现了现行的营业税改征增值税在会计中的运用，借鉴了国内同类教材的先进经验，体现了时效性，即与会计实务工作密切联系，并走访了多家企业。书中选编的业务适中，内容系统全面，实务性强；原始单据仿真性强，知识新，通俗易懂，简洁实用，实现综合实训与学生上岗工作的"零距离"对接。

本书既可作为高职高专院校会计专业及财经类相关专业的教材，也可作为在职会计人员培训及自学用书。

本书封面贴有清华大学出版社防伪标签，无标签者不得销售。
版权所有，侵权必究。举报：010-62782989，beiqinquan@tup.tsinghua.edu.cn。

图书在版编目(CIP)数据

会计岗位综合实训/陈小英主编. —北京：清华大学出版社，2018(2022.8重印)
(面向"十三五"高职高专项目导向式教改教材·财经系列)
ISBN 978-7-302-47220-9

Ⅰ.①会… Ⅱ.①陈… Ⅲ.①会计学—高等职业教育—教材 Ⅳ.①F230

中国版本图书馆CIP数据核字(2017)第122584号

责任编辑：梁媛媛
封面设计：杨玉兰
责任校对：李玉茹
责任印制：杨 艳

出版发行：清华大学出版社
网　　址：http://www.tup.com.cn，http://www.wqbook.com
地　　址：北京清华大学学研大厦A座　　邮　编：100084
社 总 机：010-83470000　　邮　购：010-62786544
投稿与读者服务：010-62776969，c-service@tup.tsinghua.edu.cn
质量反馈：010-62772015，zhiliang@tup.tsinghua.edu.cn
课件下载：http://www.tup.com.cn，010-62791865

印 装 者：北京嘉实印刷有限公司
经　　销：全国新华书店
开　　本：185mm×260mm　　印　张：13　　字　数：300千字
版　　次：2018年1月第1版　　印　次：2022年8月第4次印刷
定　　价：39.00元

产品编号：070560-02

前　　言

会计学是一门实践性很强的学科，而会计工作又是一项对技术规范要求很高的工作。因此，会计职业技术教育在赋予学生从事会计工作所必需的基础理论的同时，还培养学生分析、处理各种经济业务的操作技能。会计岗位综合实训是会计教学中不可缺少的环节，是巩固学生会计理论知识并提高其实际操作技能的重要手段。本书以真实的票证、单证、账表再现企业的基本经济业务，为学生创造真实的会计工作环境，使学生在身临其境之中熟练掌握会计工作的要领和流程，提高填制和识别原始凭证、编制记账凭证、登记会计账簿、编制会计报表并按要求装订成册等的操作能力；并在具体操作中，理解会计核算方法之间的相互关系，熟练掌握企业基本经济业务的会计核算方法与技能，真正培养出符合高等职业教育目标的技能型、应用型人才。

本书的特点主要表现在以下4个方面。

(1) 针对性强，切合职业教育目标，重点培养职业能力，侧重技能传授。

(2) 科学、实用，面向应用型人才的就业要求，注重培养学生的实践能力。

(3) 内容新颖，借鉴国内外最新教材，融汇当前最新理论，遵循最新发布的各项准则、规范。

(4) 方便教学，提供整套实训的参考答案，适合教学需要。

本书由福建农业职业技术学院陈小英担任主编；福建农业职业技术学院张仁杰、樊葵，衡水职业技术学院于春燕担任副主编；本书由陈小英负责总体框架的设计，提出编写大纲和全书的总纂与定稿；由陈小英、张仁杰、樊葵、于春燕共同编写。

本书在出版过程中得到了清华大学出版社的大力支持。另外，在编写过程中，我们参阅了许多会计岗位综合实训教材，吸收、借鉴、引用了近年来高等职业教育的最新教改成果及有关资料，在此一并表示诚挚的谢意！

由于编者水平有限，书中难免有疏漏之处，敬请读者批评指正，以便在修订时改正。

编　者

目 录

第一部分 实训目的 1

第二部分 实训安排 3

第三部分 实训要求 5

第四部分 考核办法 7
    一、平时表现 7
    二、完成质量 7

第五部分 实训资料 9
    一、实训资料准备 9
    二、企业概况 10
    三、会计岗位综合实训期初建账资料 12
    四、会计岗位综合实训本期经济业务资料 16
    五、会计岗位综合实训本期经济业务原始资料 23

第六部分 附录 199
    一、资产负债表 199
    二、利润表 200

参考文献 201

第一部分　实训目的

通过综合实训,以真实的票证、单证、账表再现企业的基本经济业务,为学生创造真实的会计工作环境,使学生在身临其境之中熟练掌握会计工作的要领和流程,提高填制和识别原始凭证、编制记账凭证、登记会计账簿和编制会计报表等的操作能力;并在具体操作中,理解会计核算方法之间的相互关系,熟练掌握企业基本经济业务的会计核算方法与技能。

会计综合实训中心如图 1-1 至图 1-3 所示。

图 1-1　会计综合实训中心外景

图 1-2 会计综合实训中心内部

图 1-3 会计综合实训中心工作台

第二部分 实训安排

以一个企业 12 月份发生的典型业务为资料，按照会计核算工作的程序要求，让学生独立完成一个月的会计处理业务流程，包括期初建账、填制与审核凭证、登记账簿和编制会计报表。综合能力的实训时间以 56 学时为基础安排进度，教师也可根据情况做适当的调整。

学时具体安排如表 2-1 所示。

表 2-1 综合实训学时安排表

序号	实训项目	教学实习内容	学时
1	建账	根据期初余额建账	6
2	编制记账凭证	根据经济业务编制记账凭证	20
3	编制科目汇总表	根据记账凭证编制科目汇总表	4
4	登记账簿	根据记账凭证或所附的原始凭证登记现金日记账、银行存款日记账和有关明细账，根据科目汇总表登记总账	12
5	年终决算	对账，结账，编制试算平衡表，编制资产负债表、利润表和现金流量表	10
6	装订和总结	装订会计凭证、账簿，写实习总结	4
合计			56

实训项目相关图示如图 2-1 和图 2-2 所示。

图 2-1 填制记账凭证、登记会计账簿

图 2-2 总账、现金账、银行账账本样式

第三部分 实训要求

根据所提供的实训资料,按下列要求进行会计处理。

(1) 对会计主体的经济业务进行审核,填制并审核原始凭证,编制记账凭证。将实训资料中的原始凭证剪下来附在相应的记账凭证后面。

(2) 根据记账凭证或所附的原始凭证登记现金日记账、银行存款日记账和有关明细账。

(3) 用科目汇总表账务处理程序登记账簿。

(4) 编制资产负债表、利润表和现金流量表。

(5) 装订会计资料,并进行实训总结。

会计处理相关图示如图 3-1 至图 3-4 所示。

图 3-1 填制、审核原始凭证

图 3-2 登记入账

图 3-3 装订会计资料

图 3-4 会计资料装订完成

第四部分　考核办法

一、平时表现

以平时指导检查记录和考勤记录为依据，对每个学生在实训中的表现，如实训态度、工作作风、处理业务的能力、缺勤次数、独立完成程序等予以评分，所占比例不低于总分的 30%。

二、完成质量

完成质量包括规范程度与正确程度两个方面。

(1) 规范程度占 30%，特别是数字书写、错账更正。

(2) 正确程度占 40%，包括账务处理、会计凭证、会计账簿及会计报表填列的是否正确、规范，以及会计资料的装订、保管是否规范。

对累计缺勤时间达实训总课时 1/3 以上的学生，无论何种原因，本次实训不记分，待以后重新参加综合实训后，方可根据情况评分。

第五部分　实训资料

实训前,教师应将文字表述的经济业务资料收回,让学生直接根据各种原始凭证进行账务处理,使其完全置身于会计实际工作之中,根据原始凭证独立辨别、分析不同的经济业务及账务处理程序,从而有效提高学生实际操作技能和分析解决问题的能力,实现综合实训与上岗工作的"零距离"对接。

一、实训资料准备

综合实训需用材料如下。

1. 记账凭证

(1)通用记账凭证130张/人(或收款凭证25张/人、付款凭证55张/人、转账凭证65张/人)。

(2)科目汇总表3张/人。

2. 日记账

(1)现金日记账账页2张/人。

(2)银行存款日记账账页3张/人。

3. 明细账

(1)三栏式明细账账页65张/人。

(2)十三栏账账页14张/人。

(3)生产成本明细账账页4张/人。

(4)数量金额式明细账账页8张/人。

(5)增值税一般纳税人增值税明细账账页2张/人。

4. 总账

订本式总账1本/人(或40张/人)。

5. 会计凭证封面

会计凭证封面4张/人。

6. 会计报表

(1) 资产负债表 1 份 / 人。

(2) 利润表 1 份 / 人。

(3) 现金流量表 1 份 / 人。

7. 档案袋

档案袋 1 个 / 人。

8. 记账黑色墨水钢笔（或蓝黑色墨水钢笔）

记账黑色墨水钢笔（或蓝黑色墨水钢笔）1 支 / 人。

9. 记账红色墨水钢笔

记账红色墨水钢笔 1 支 / 人。

10. 其他材料

胶水、粘贴口取纸、曲别针、大头针、装订机或锥子、装订线等，可根据具体情况安排用量。

二、企业概况

1. 企业基本情况

企业名称：榕辉机械有限责任公司（以下简称榕辉公司）

经营地址：福州市东湖路 9 号

单位电话：0591-83558666

基本存款账户开户行：中国工商银行福州市分行东湖路分理处

账号：5800033807005857779

纳税人登记号：566370203024276，为增值税一般纳税人，税率为 17%

生产、管理及服务机构：

(1) 行政部（下设厂部办公室、财务科、总务科）

(2) 销售部

(3) 供应部

(4) 生产部（下设一生产车间、二生产车间和机修车间）

2. 有关人员

法人代表：徐明

会计主管（财务科科长）：方荣

会计：张玉华

出纳：赵梅

保管员：许强

销售科科长：王兰金

供应科科长：黄宝成

生产管理科科长：李宏

总务科科长：周敏琴

3. 企业的核算要求

(1) 榕辉公司采用科目汇总表账务处理程序；科目汇总表每半个月汇总一次，汇总后登记总账。

(2) 榕辉公司库存现金限额为 5 000 元。

(3) 榕辉公司生产 A、B 两种产品。A、B 两种产品采用品种法按实际成本计算发生的成本，生产成本明细账按产品品种设置；完工产品成本与在产品成本按约当产量法进行分配。有两个生产车间，其中一车间生产 A 产品，二车间生产 B 产品；另有机修车间负责维护机器设备。

(4) 材料核算。A、B 两种产品的生产需要甲材料、乙材料、丙材料。甲、乙两种材料的发出采用计划成本核算，材料成本差异在月末进行调整；丙材料只用于 B 产品的生产，按实际成本(先进先出法)核算。材料一次投入产品生产。

(5) 成本核算。机修车间发生的费用在月末按耗用的实际工时分配给各车间和管理部门，辅助生产车间的制造费用不通过"制造费用"账户核算；车间制造费用按车间分别转入 A 产品和 B 产品的成本中；低值易耗品分品种采用一次摊销法和五五摊销法核算；包装物采用一次摊销法核算；发出产品成本按先进先出法核算。固定资产采用直线法计提折旧，月折旧率为 2%；无形资产采用直线法进行摊销。

(6) 成本费用明细账按费用项目设置专栏。生产成本明细账分 A 产品、B 产品设置成本项目，包括直接材料、直接人工、制造费用；制造费用按基本生产车间开设明细账，包括一车间、二车间；管理费用的费用项目有工资、福利费、办公费、差旅费、运输费、折旧费、业务招待费、职工教育经费、工会经费、修理费、水电费及税金等。

(7) 交易性金融资产在期末按照公允价值计量。

(8) 年末，按应收账款及其他应收款余额的 1% 提坏账准备。

(9) 公司按本地现行政策规定为职工缴纳和代扣五险一金，养老保险公司缴纳 20%，个人缴纳 8%；医疗保险公司缴纳 8%，个人缴纳 2%；失业保险公司缴纳 2%，个人缴纳 1%；工伤保险公司缴纳 1%；生育保险公司缴纳 1%；住房公积金公司缴纳 10%，个人缴纳 10%，缴纳基数为个人基本工资与岗位工资之和。

三、会计岗位综合实训期初建账资料

榕辉机械有限责任公司 2016 年 11 月 30 日的有关资料如下。

(1) 2016 年 11 月 30 日各总账账户余额如表 5-1 所示。

表 5-1 总账账户余额表

单位：元

会计科目	借方余额	会计科目	贷方余额
库存现金	3 210.88	累计折旧	215 368.44
银行存款	4 148 592.16	累计摊销	11 000.00
其他货币资金	100 000.00	坏账准备	4 126.88
交易性金融资产	116 400.00	短期借款	58 000.00
库存商品	868 712.59	应付票据	170 000.00
生产成本	57 721.52	应付账款	91 383.97
原材料	445 140.00	预收账款	40 000.00
材料成本差异	16 779.00	其他应付款	13 161.60
周转材料	25 020.00	应付职工薪酬	48 456.00
应收账款	814 856.78	长期借款	1 200 000.00
预付账款	86 980.00	应交税费	23 863.15
其他应收款	65 000.00	应付利息	4 100.00
长期股权投资	280 000.00	实收资本	8 500 000.00
持有至到期投资	640 000.00	盈余公积	447 288.11
固定资产	3 971 000.00	利润分配	239 356.28
在建工程	558 632.80	本年利润	1 251 941.30
无形资产	120 000.00		
合 计	12 318 045.73	合 计	12 318 045.73

(2) 2016 年 11 月 30 日资产类账户明细账余额如表 5-2 所示。

表 5-2 资产类账户明细账余额表

单位：元

总 账	明细账	数 量	单 价	借方金额
其他货币资金	存出投资款			100 000.00
交易性金融资产	欣荣股票（成本）			61 300.00
	永宏债券（成本）			55 100.00
应收账款	兰州机械厂			15 000.00
	天津五金厂			100 000.00
	宁波东湖电器贸易公司			397 700.00
	云南无线电厂			302 156.78

续表

总　账	明细账	数量	单价	借方金额
预付账款	江苏南滨有色金属材料公司			50 000.00
	武汉汉口五金有限公司			36 980.00
其他应收款	本公司销售科备用金			30 000.00
	本公司供应科备用金			20 000.00
	陈丽			15 000.00
坏账准备	应收账款			-39 10.35
	其他应收款			-216.53
原材料	甲材料	23 000 千克	11.00	253 000.00
	乙材料	19 000 千克	9.00	171 000.00
	丙材料	700 件	30.20	21 140.00
材料成本差异	甲材料成本差异			11 286.82
	乙材料成本差异			5 492.18
库存商品	A 产品	4 700 件	108.77	511 237.26
	B 产品	3 600 件	99.30	357 475.33
周转材料	低值易耗品——工作服	150 件	118.00	17 700.00
	低值易耗品——手套	300 副	3.60	1 080.00
	包装物——铁盒	48 个	130.00	6 240.00
持有至到期投资	杭州农具厂——成本			200 000.00
	南京塑料厂——成本			400 000.00
	南京塑料厂——应计利息			40 000.00
长期股权投资	上海无线电股份有限公司			180 000.00
	福州长富实业股份有限公司			100 000.00
固定资产	一车间——房屋及建筑物			950 000.00
	一车间——机器设备			510 000.00
	二车间——房屋及建筑物			700 000.00
	二车间——机器设备			550 000.00
	机修车间——房屋及建筑物			330 000.00
	机修车间—机器设备			81 000.00
	厂部——房屋及建筑物			650 000.00
	厂部——小轿车			200 000.00
无形资产	专利权(使用年限10年)			120 000.00
累计折旧	一车间——房屋及建筑物			-50 401.99
	一车间——机器设备			-27 327.93
	二车间——房屋及建筑物			-34 412.41
	二车间——机器设备			-24 221.90

续表

总　账	明细账	数　量	单　价	借方金额
累计折旧	机修车间——屋及建筑物			-15 364.69
	机修车间——机器设备			-5 018.66
	厂部——房屋及建筑物			-38 620.86
	厂部——小轿车			-20 000.00
累计摊销	专利权			-11 000.00
在建工程	铣床（一车间）			231 904.51
	仓库			326 728.29
生产成本	基本生产成本——A产品	400件	78.05	31 219.45
	基本生产成本——B产品	500件	53.00	26 502.07

(3) 2016年11月30日负债及所有者权益类账户明细账余额如表5-3所示。

表5-3　负债及所有者权益类账户明细账余额

单位：元

总　账	明细账	贷方余额
短期借款	工商银行（4个月，年利率5%）	20 000.00
	工商银行（9个月，年利率6%）	38 000.00
应付票据	银行承兑汇票（成都机械制造厂）	100 000.00
	商业承兑汇票	70 000.00
应付账款	南京钢材厂	39 383.97
	广州油化厂	32 000.00
	广西配件厂	20 000.00
预收账款	河南电器商贸有限责任公司	40 000.00
其他应付款	福州金山贸易公司	13 161.60
应付职工薪酬	养老保险费	48 456.00
应交税费	未交增值税	21 693.78
	应交城市维护建设税	1 518.56
	应交教育费附加	650.81
长期借款	工商银行（5年期，年利率10%）	1 200 000.00
实收资本	上海建设科技股份有限公司	5 000 000.00
	福州高科贸易有限公司	2 000 000.00
	浙江建安房地产有限责任公司	1 500 000.00
盈余公积	法定盈余公积	447 288.11
利润分配	未分配利润	239 356.28

(4) 2016年11月30日"生产成本——基本生产成本"明细分类账账户余额如表5-4所示。

表5-4 "生产成本——基本生产成本"明细分类账账户余额表

单位：元

项目 产品名称	直接材料	直接人工	制造费用	合　计
A产品	15 134.69	8 438.24	7 646.52	31 219.45
B产品	11 849.26	7 749.38	6 903.43	26 502.07
合　计	26 983.95	16 187.62	14 549.95	57 721.52

(5) 2016年12月产品产量有关资料如表5-5所示。

表5-5 产品产量有关资料表

单位：件

项　目	A产品	B产品
月初在产品	400	500
本月投产	5 600	4 100
本月完工	5 000	4 000
月末在产品	1 000	600
投料方式	一次投入	一次投入
在产品完工程度	40%	50%

(6) 2016年1—11月损益类账户的累计发生额如表5-6所示。

表5-6 2016年1—11月损益类账户的累计发生额

单位：元

损益类账户	2016年1—11月累计发生额
主营业务收入	7 571 404.45
A产品	5 030 253.37
B产品	2 541 151.08
其他业务收入	6 400.00
投资收益	29 234.00
营业外收入	6 000.00
主营业务成本	4 145 800.00
A产品	2 849 885.87
B产品	1 295 914.13
税金及附加	162 719.27
其他业务成本	3 400
销售费用	215 000.00
财务费用	6 124.67
管理费用	1 192 811.40
工资	190 390.90

续表

损益类账户	2016年1—11月累计发生额
福利费	36 650.00
办公费	330 720.18
差旅费	203 410.82
运输费	20 100.00
折旧费	213 482.71
业务招待费	8 400.00
工会经费	33 590.00
职工教育经费	3 056.29
修理费	10 000.00
水电费	21 507.30
税金	13 000.00
其他	108 503.20
营业外支出	18 614.00
所得税费用	616 627.81

四、会计岗位综合实训本期经济业务资料

榕辉机械有限责任公司2016年12月发生如下经济业务（甲材料的计划单价为11元/千克，乙材料的计划单价为9元/千克）。

业务1 1日，从武汉金属材料有限公司购进甲材料8 500千克，单价12元，价款102 000元，增值税税率17%，进项税额17 340元，款项已通过电汇方式付清，材料已验收入库。

业务2 1日，从东南冶炼厂购进乙材料6 500千克，单价10元，价款65 000元，增值税税率17%，进项税额11 050元，款项尚未支付，材料已验收入库。

业务3 2日，签发现金支票一张，从银行提取现金1 000元备用。

业务4 2日，开出转账支票一张，支付市交通稽查所养路费（行政部门一辆小轿车）600元。

业务5 2日，以银行存款支付地税局车船税190元。

业务6 2日，以现金报销车辆年检费100元。

业务7 3日，支付职工培训费2 500元。

业务8 3日，一车间生产A产品领用甲材料30 000千克，一车间一般耗费甲材料70千克、乙材料40千克；机修车间领用乙材料50千克；行政管理部门耗费甲材料20千克、乙材料10千克。根据每一种材料的用途填写领料单（此时不做会计分录，到月底再做汇总

会计分录)。

业务9 4日，向广东顺丰电器有限公司销售A产品1 000件，单价200元，价款200 000元，增值税税率17%，销项税额34 000元，款项通过银行收讫，以信汇方式结算(已销产品暂时不结转其成本，到月底再汇总结转成本)。

业务10 4日，以现金报销汽车修理费200元。

业务11 4日，厂部办公室职工陈丽上月借款15 000元，出差到上海开信息交流会，现回来报销差旅费13 500元，余款交回现金1 500元。

业务12 4日，供应科科长黄宝成借支差旅费2 000元，开出现金支票一张予以支付。

业务13 4日，二车间生产B产品领用乙材料20 000千克，二车间一般耗费甲材料50千克、乙材料40千克；机修车间领用甲材料60千克；行政管理部门耗费甲材料30千克、乙材料20千克。根据每一种材料的用途填写领料单(此时不做会计分录，到月底再做汇总会计分录)。

业务14 4日，公司总部办公室李波报销物流快递费340.38元，以现金支付。

业务15 7日，申请银行汇票20 000元，用于购买丙材料。

业务16 7日，以现金支付财务科徐晶购买办公用品费356元。

业务17 7日，向江西利民电子有限公司销售B产品1 000件，单价180元，价款180 000元，增值税税率17%，销项税额30 600元，收到一张不带息的6个月的银行承兑汇票(已销产品暂时不结转其成本，到月底再汇总结转成本)。

业务18 8日，收到天津五金厂所欠A产品货款100 000元，以委托收款结算方式结算。

业务19 8日，开出支票偿还银行短期借款20 000元。

业务20 8日，提取现金261 241.20元，准备发放工资。

业务21 8日，以现金支付12月份职工工资261 241.20元。

业务22 9日，从江西南昌电子配件公司购入丙材料400件，单价30元，价款12 000元，增值税税率17%，进项税额2 040元，运输费1 110元，货已运抵企业并入库，用银行汇票结算方式结算款项。

业务23 9日，开出转账支票一张，支付滨江酒楼招待客人餐费800元。

业务24 9日，用现金支付购支票款34元。其中：现金支票2本，单价8元；转账支票2本，单价9元。

业务25 9日，以银行存款支付上月未交增值税21 693.78元，城市维护建设税1 518.56元，教育费附加650.81元。

业务 26　10 日，福州新光无线电厂增加投资款，收到面值 600 000 元的银行本票一张，当日送存银行。

业务 27　10 日，一车间领用工作服 80 套，二车间领用工作服 50 套，机修车间领用工作服 20 套，工作服每套 118 元（低值易耗品采用一次摊销法）。

业务 28　10 日，开出转账支票一张，支付福州星星安装公司安装铣床的费用 13 900 元。

业务 29　10 日，行政科黄子强用现金购买办公用品共计 260.28 元，以现金支付。

业务 30　11 日，一车间领用手套 130 副，二车间领用手套 100 副，机修车间领用手套 60 副，每副手套 3.60 元（低值易耗品采用一次摊销法）。

业务 31　11 日，从福州压缩机厂购入生产用需要安装的固定资产压缩机一台，价款 30 000 元，增值税 5 100 元，开出转账支票一张。

业务 32　11 日，向福州纸箱厂出售甲材料 40 千克，价款 795.60 元（含税价），增值税税率 17%，价款以现金收讫并送存银行，只做收款会计分录。根据材料的用途填写领料单（发出材料暂时不做会计分录，到月底才做会计分录）。

业务 33　11 日，请福州机电安装公司安装压缩机，发生安装人工费用 1 500 元，以转账支票支付，压缩机交付使用。

业务 34　14 日，用电汇结算方式支付前欠广西配件厂购料款 20 000 元。

业务 35　14 日，向广东塑料厂销售 A 产品 500 件，单价 200 元，价款 100 000 元，增值税税率 17%，销项税额 17 000 元，代垫运输费 4 600 元，款项尚未收到（已销产品暂时不结转其成本，到月底再汇总结转成本）。

业务 36　14 日，用转账支票一张支付福州金通广告有限公司销售广告费 20 000 元。

业务 37　14 日，供应科科长黄宝成出差回来，报销差旅费 1 850 元，交回余款现金 150 元（4 日黄宝成借支 2 000 元）。

业务 38　15 日，收到湖南长沙电器贸易公司合同违约金 3 000 元，以信汇方式结算。

业务 39　15 日，在建工程铣床安装完毕，已通过验收。铣床投入使用，价值 245 804.51 元（截至上月，"在建工程——铣床"科目发生的成本为 231 904.51 元，本月铣床发生的成本为 13 900 元）。

业务 40　15 日，向福州机电设备有限公司销售 B 产品 600 件，单价 180 元，价款 108 000 元，增值税税率 17%，销项税额 18 360 元，款项通过银行转账收讫（已销产品暂时不结转其成本，到月底再汇总结转成本）。

业务 41　16 日，以现金支付机修车间运输费 2 220 元。

业务42　16日，开出现金支票一张，从银行提取现金2 000元备用。

业务43　17日，收到银行付款通知，上缴养老保险48 456元。

业务44　17日，向福州星海有限公司销售B产品400件，单价180元，价款72 000元，增值税税率17%，销项税额12 240元，款项通过银行转账收讫(已销产品暂时不结转其成本，到月底再汇总结转成本)。

业务45　17日，开出6个月期的商业承兑汇票一张，支付前欠广州油化厂的货款32 000元。

业务46　18日，兰州机械厂前欠货款15 000元已逾期3年，经有关部门批准，确认为坏账损失。

业务47　18日，生产管理科长李宏赴上海参加新技术研讨会，借支1 500元，以现金支付。

业务48　21日，向福州慈善总会捐赠2 000元，以转账支票支付。

业务49　21日，开出转账支票一张，从联想集团福州销售公司购买联想计算机10台，单价5 000元，增值税税率17%，取得增值税专用发票一张。行政部门使用这些计算机。

业务50　21日，从浙江钢材有限公司购进乙材料4 100千克，单价11元，价款45 100元，增值税税率17%，进项税额7 667元，开出了6个月期的商业承兑汇票一张。

业务51　22日，成都机械制造厂所持银行承兑汇票到期，本公司如期兑付100 000元。

业务52　22日，从南昌金属材料有限公司购进甲材料7 200千克，单价13元，价款93 600元，增值税税率17%，进项税额15 912元，货款已通过信汇方式付清。

业务53　22日，收到银行付款通知，支付福州市产品质量监督检验费1 686.72元。

业务54　22日，收到开户银行的存款利息收入150.32元。

业务55　23日，接受江苏威联公司捐赠运输卡车一辆，双方确认该车辆现行市价为200 000元，尚有八成新，税务机关认定计税金额为160 000元。该卡车被一车间用于企业货物运输。

业务56　23日，以信汇方式归还前欠南京钢材厂货款39 383.97元。

业务57　23日，开出转账支票一张，从福州文具用品公司购买文件柜5个并投入使用，单价300元，总价值1 500元(采用五五摊销法)。

业务58　24日，向广东广州机械厂销售A产品1 000件，单价250元，价款250 000元，增值税税率17%，销项税额42 500元。收到期限为6个月的银行承兑汇票一张(已销产品暂时不结转其成本，到月底再汇总结转成本)。

业务59 24日，开出转账支票一张，支付福州建筑工程公司出包仓库工程价款135 000元。

业务60 24日，计算本年度长期借款利息120 000元。月初"长期借款"账户金额1 200 000元，年利率10%，仓库基建工程尚未交付使用。

业务61 25日，因违反安全生产规定，现金支付罚金500元。

业务62 25日，提取现金2 000元备用，开出现金支票一张。

业务63 25日，福州金山贸易公司为了包装产品，从我公司借包装物铁盒，现逾期未还，没收其押金13 161.60元（备注：铁盒成本6 240元）。

业务64 25日，本公司机修车间领用甲材料60千克。根据材料的用途填写领料单（此时不做会计分录，到月底再做汇总会计分录）。

业务65 28日，从南京机械配件有限公司购进乙材料3 000千克，单价10元，价款30 000元，增值税税率17%，进项税额5 100元。货款以信汇方式支付，材料已验收入库。

业务66 28日，向福州顺达公司销售B产品200件，单价200元，价款40 000元，增值税税率17%，销项税额6 800元。款项通过银行转账收讫（已销产品暂时不结转其成本，到月底再汇总结转成本）。

业务67 28日，用存于华福证券公司的资金购入永辉股票10 000股，每股7.10元，成交金额71 000元，佣金213元，过户费用30元，附加费用5元，实付金额71 248元作为交易性金融资产。

业务68 28日，开出现金支票一张，支付职工午餐补贴8 850元。其中：A产品生产工人3 000元，B产品生产工人2 550元，一车间管理人员1 200元，二车间管理人员900元，机修车间生产工人450元，机修车间管理人员150元，行政管理人员600元。

业务69 28日，预付广州建筑工程集团建造仓库工程款600 000元，以电汇方式支付。

业务70 29日，摊销专利权1 000元。

业务71 29日，根据固定资产原值和月折旧率2%计提本月固定资产折旧额79 420元。其中：一车间折旧额为29 200元，二车间折旧额为25 000元，机修车间折旧额为8 220元，行政部门折旧额17 000元。

业务72 29日，计提本月短期借款利息190元，借款本金38 000元，年利率6%。

业务73 29日，福州市供电局委托银行收取本公司电费50 000元，增值税税率17%，进项税额8 500元，取得增值税专用发票一张。

业务74 29日，生产B产品领用丙材料900件。

业务 75　29 日，福州市自来水公司委托银行收取本公司水费 2 005 元，增值税税率 13%，进项税额 260.65 元，取得增值税专用发票一张。

业务 76　30 日，收到云南无线电厂前欠货款 302 156.78 元，款项存入银行。

业务 77　30 日，机修车间职工陈珊报销差旅费 510 元，以现金支付。

业务 78　30 日，按本月工资属性及用途分配工资费用 312 810 元。

业务 79　30 日，计提职工"五险一金"。

业务 80　30 日，分配本月午餐补贴 8 850 元。

业务 81　30 日，分别按工资总额的 2% 和 1.5% 计提工会经费和职工教育经费。

业务 82　31 日，开出转账支票划转工会经费。

业务 83　31 日，按计划成本结转本月已验收入库的各种材料。

业务 84　31 日，结转本月材料成本差异。

业务 85　31 日，财产清查，发现丙材料盘亏 50 件，单价 32.5 元，金额 1 625 元。

业务 86　31 日，根据本月材料消耗情况，编制材料消耗汇总表，并在不同用途之间进行分配。

业务 87　31 日，分摊本月发出材料应负担的材料成本差异。

业务 88　31 日，分摊本月电费 50 000 元（本月共耗电 50 000 度，其中：一车间耗电 30 000 度，二车间耗电 10 000 度，机修车间耗电 7 000 度，行政部门耗电 3 000 度）。

业务 89　31 日，分摊本月水费 2 005 元（本月共耗水 10 025 吨，其中：一车间耗水 4 500 吨，二车间耗水 3 900 吨，机修车间耗水 680 吨，行政部门耗水 945 吨）。

业务 90　31 日，分配并结转辅助生产费用。本月机修车间总工时为 5 000 工时，其中：一车间耗费 2 500 工时，二车间耗费 2 000 工时，行政部门耗费 500 工时。

业务 91　31 日，分配并结转制造费用。其中：一车间生产 A 产品，二车间生产 B 产品。

业务 92　31 日，计算并结转完工产品的生产成本。

业务 93　31 日，结转已销产品的生产成本。

业务 94　31 日，计算本月应交增值税，结转本月应缴未缴的增值税。

业务 95　31 日，按本月应交增值税税额的 7% 计算本月应交城市维护建设税；按本月应交增值税税额的 3% 计算本月应交教育费附加。

业务 96　31 日，永宏债券市价 52 300 元；欣荣股票市价 63 300 元；永辉股票市价 75 000 元。

业务 97　31 日，按照批准意见，盘亏的丙材料属于保管不善造成，经研究决定由保管员许强赔偿 40%，其余部分列作管理费用。

业务 98 31 日，一车间的机器设备计提减值准备（账面价值 718 276.58 元，可收回金额 675 804.51 元）。

业务 99 31 日，专利权计提减值准备（账面价值 108 000 元，可收回金额 90 000 元）。

业务 100 31 日，年末按"应收账款"和"其他应收款"期末余额的 1% 提取坏账准备。

业务 101 31 日，结转本月收入类账户余额至"本年利润"账户。

业务 102 31 日，结转本月成本费用类账户余额至"本年利润"账户。

业务 103 31 日，计算本月所得税费用，所得税税率 25%。

业务 104 31 日，将本月的"所得税费用"结转至"本年利润"账户。

业务 105 31 日，将本年的"本年利润"结转至"利润分配——未分配利润"账户。

业务 106 31 日，分别按本年税后利润的 10% 提取法定盈余公积、10% 提取任意盈余公积。

业务 107 31 日，将利润分配的其他明细账户的余额结转至"利润分配——未分配利润"账户。

五、会计岗位综合实训本期经济业务原始资料

业务 1-1

湖北增值税专用发票 发票联

No.34783228

4201141130

开票日期：2016 年 12 月 01 日

购买方	名称：榕辉机械有限责任公司 纳税人识别号：566370203024276 地址、电话：福州市东湖路9号 0591-83558666 开户行及账号：中国工商银行福州市分行东湖路分理处 5800033807005857779	密码区	(略)

货物或应税劳务、服务名称	规格型号	单位	数量	单价	金额	税率	税额
甲材料		千克	8500	12.00	102000.00	17%	17340.00
合　计					¥102000.00		¥17340.00

价税合计(大写) ⊗壹拾壹万玖仟叁佰肆拾元整　　　(小写) ¥119340.00

销售方	名称：武汉金属材料有限公司 纳税人识别号：420105862387652 地址、电话：武汉市临江路25号 027-84875678 开户行及账号：中国工商银行汉阳支行 406587685356789578	备注	银行转账

收款人：　　　复核：　　　开票人：王三元　　　销售方：(章)

业务 1-2

中国工商银行　电汇凭证(回单)　1

□普通　□加急　　　　委托日期 2016 年 12 月 01 日

汇款人	全称	榕辉机械有限公司	收款人	全称	武汉金属材料有限公司
	账号	5800033807005857779		账号	406587685356789578
	汇出地点	福建 省 福州 市/县		汇入地点	湖北 省 武汉 市/县
汇出行名称		中国工商银行福州市分行东湖路分理处	汇入行名称		中国工商银行汉阳支行

金额：(大写)壹拾壹万玖仟叁佰肆拾元整

亿	千	百	十	万	千	百	十	元	角	分
			¥	1	1	9	3	4	0	0

东湖分理 2016.12.01 转讫　汇出行签章

票证安全码

附加信息及用途：

复核：　　　记账：

此联是汇出行给汇款人的回单

业务 1-3

入 库 单

存放地点：
供货单位：武汉金属材料有限公司 2016年 12月 01日 第   号

类别	编号	名称型号	单位	数量	单位成本	金额	用途
		甲材料	千克	8500	11.00	93500.00	生产
		合 计		8500		93500.00	

第三联 财务记账

负责人：黄宝成   经发：王梅   保管：许强   填单：王梅

业务 2-1

No.17534795

3501141133

开票日期：2016 年 12 月 01 日

购买方	名　　称：榕辉机械有限责任公司 纳税人识别号：5663702203024276 地址、电话：福州市东湖路9号 0591-83558666 开户行及账号：中国工商银行福州市分行东湖路分理处 5800033807005857779	密码区	(略)

货物或应税劳务、服务名称	规格型号	单位	数量	单价	金额	税率	税额
乙材料		千克	6500	10.00	65000.00	17%	11050.00
					￥65000.00		￥11050.00
合 计							
价税合计(大写)	⊗柒万陆仟零伍拾元整			(小写)￥76050.00			

销售方	名　　称：东南冶炼厂 纳税人识别号：350163702030242 地址、电话：福州市晋安区连江北路178号 0591-87654358 开户行及账号：中国工商银行福州市晋安支行58000338070058876	备注	银行转账 东南冶炼厂 350163702030242 发票专用章

收款人：　　　　复核：　　　　开票人：蓝欣　　　　销售方：(章)

第三联 发票联 购买方记账凭证

业务 2-2

入 库 单

存放地点：
供货单位：东南冶炼厂　　　　2016年12月01日　　　　　　　　第　　号

类别	编号	名称型号	单位	数量	单位成本	金额	用途
		乙材料	千克	6500	9.00	58500.00	生产
		合　计		6500		58500.00	

第三联　财务记账

负责人：黄宝成　　　经发：王梅　　　保管：许强　　　填单：王梅

业务 3

中国工商银行
现金支票存根
10203310
10613654

附加信息：
_____
_____

出票日期 2016年 12月 02日
收款人：榕辉机械有限责任公司
金　额：¥1000.00
用　途：备用金
单位主管 方荣　　会计 张玉华

业务 4-1

非税收入一般缴款书(收据)4

No. 866990076
执收单位编码：3501892153
组织机构代码：35019892

填制日期：2016 年 12 月 02 日　　执收单位名称：福州市交通稽查所

付款人	全 称	榕辉机械有限责任公司	收款人	全 称	福州市交通稽查所	第四联 执收单位给缴款人的收据
	账 号	5800033807005857779		账 号	8335897125633341875l2	
	开户行	中国工商银行福州市分行东湖路分理处		开户行	中国建设银行福州旗汛口支行	
币种：人民币	金额(大写)⊗陆佰元整				(小写)：¥600.00	

项目编码	收入项目名称	单 位	数量	收缴标准	金 额
	养路费	辆	1	600.00	600.00

执行单位(单位盖章)

备注：

经办人(签章) 王一

校验码：

业务 4-2

中国工商银行
转账支票存根

附加信息

出票日期 2016 年 12 月 02 日

收款人：福州市交通稽查所
金　额：¥600.00
用　途：养路费

单位主管 方荣　　会计 张玉华

业务5

中国工商银行电子缴税付款凭证

转账日期：2016 年 12 月 02 日　　　　　　　　　　凭证字号：20161202890678

纳税人全称及纳税人识别号：榕辉机械有限责任公司 566370203024276

付 款 人 全 称：	榕辉机械有限责任公司		
付 款 人 账 号：	5800033807005857779	征收机关名称：	福州市鼓楼区地方税务局
付款人开户银行：	中国工商银行福州市分行东湖路分理处	收纳国库(银行)名称：	鼓楼区金库
小写(合计金额)：	¥190.00	缴款书交易流水号：	
大写(合计金额)：	壹佰玖拾元整	税票号码：	

税费税号：

　税款属期：2016 年

税(费)种名称	实缴金额
车船税	190.00 元

第　　次打印　　　　　　　　　　　　　　打印日期：20161202

第二联作付款回单(无银行收讫章无效)　　复核　　　　记账

业务6

非税收入一般缴款书(收据)4

No. 589324562

执收单位编码：350189251

填制日期：2016 年 12 月 02 日　　执收单位名称：福州市车辆管理所　　组织机构代码：3501895714

付款人	全　称	榕辉机械有限责任公司	收款	全　称	福州市车辆管理所
	账　号	5800033807005857779		账　号	88954135893886222
	开户行	中国工商银行福州市东湖路分理处		开户行	交通银行福州东大路支行
币种：人民币	金额(大写)⊗壹佰元整			(小写)：¥100.00	

项目编码	收入项目名称	单　位	数　量	收缴标准	金　额
	车辆年检费	辆	1	100.00	100.00

执行单位(盖章)　　　　　　　　　　　　　备注：

　　经办人(签章) 陈素

校验码：

第五部分 实训资料

业务 7-1

非税收入一般缴款书(收据)4

No. 8990076

填制日期: 2016 年 12 月 03 日　　执收单位名称:　　执收单位编码: 35011980
　　　　　　　　　　　　　　　　　　　　　　　　组织机构代码: 350101391

付款人	全 称	榕辉机械有限责任公司	收款人	全 称	金海峡学院
	账 号	5800033807005857779		账 号	6228480063946532617
	开户行	中国工商银行福州市东湖路分理处		开户行	农行福州鼓楼支行
币种: 人民币	金额(大写) ⊗贰仟伍佰元整			(小写): ¥2500.00	

项目编码	收入项目名称	单 位	数 量	收缴标准	金 额
	培训费	人	5	500.00	2500.00

执行单位(盖章)　　　　　　　　　　　备注: 职工培训费

（金海峡学院 财务专用章）

经办人(签章) 林敏

校验码:

第四联　执收单位给缴款人收据

业务 7-2

```
中国工商银行
转账支票存根

附加信息
_____
_____

出票日期 2016 年 12 月 03 日
收款人  金海峡学院
金 额  ¥2500.00
用 途  培训费
单位主管 方荣   会计 张玉华
```

业务 8-1

领 料 单

领料单位：一车间

用　　途：生产A产品　　　　2016年 12月 03日　　　　　　　　　　　　　　　No. 12001

材料类别	材料名称及规格	计量单位	数量		单 价	金 额
			请领	实领		
原料	甲材料	千克	30000	30000	11	330 000

记账：张玉华　　　　　　　　发料：许强　　　　　　　　　　　　　领料：张山

业务 8-2

领 料 单

领料单位：一车间

用　　途：一般消耗　　　　2016年 12月 03日　　　　　　　　　　　　　　　No. 12002

材料类别	材料名称及规格	计量单位	数量		单 价	金 额
			请领	实领		
原料	甲材料	千克	70	70	11	770
原料	乙材料	千克	40	40	9	360

记账：张玉华　　　　　　　　发料：许强　　　　　　　　　　　　　领料：张山

业务 8-3

领 料 单

领料单位：机修车间

用　途：生产　　　　2016年12月03日　　　　No.12003

材料类别	材料名称及规格	计量单位	数量		单价	金额
			请领	实领		
原料	乙材料	千克	50	50	9	450

记账：张玉华　　　　　　　发料：许强　　　　　　　领料：吴基

业务 8-4

领 料 单

领料单位：行政管理部门

用　途：一般耗用　　　　2016年12月03日　　　　No.12004

材料类别	材料名称及规格	计量单位	数量		单价	金额
			请领	实领		
原料	甲材料	千克	20	20	11	220
原料	乙材料	千克	10	10	9	90

记账：张玉华　　　　　　　发料：许强　　　　　　　领料：王红

业务 9-1

产 品 出 库 单

购货单位：广东顺丰电器有限公司

用　途：销售　　　　　　　日期：2016 年 12 月 04 日

名称	单位	应发	实发	单价	价款	税款	总货款
A产品	件	1000	1000	200.00	200000.00	34000.00	234000.00
合　计		1000	1000		200000.00	34000.00	234000.00

负责人：王兰金　　　经发：王乐　　　保管：许强　　　填单：王乐

第三联　财务记账

业务 9-2

福建增值税专用发票　　　　No.87564920

3501141430

记账联

开票日期：2016 年 12 月 04 日

购买方	名　　称：广东顺丰电器有限公司 纳税人识别号：4420005779931212 地　址、电　话：广东省中山市永华路50号 0760-23305555 开户行及账号：农业银行中山开发区支行 4226746789970864674	密码区	(略)

货物或应税劳务、服务名称	规格型号	单位	数量	单价	金额	税率	税额
A产品		件	1000	200.00	200000.00	17%	34000.00
合　　计					¥200000.00		¥34000.00

价税合计(大写)	⊗ 贰拾叁万肆仟元整	(小写) ¥234000.00

销售方	名　　称：榕辉机械有限责任公司 纳税人识别号：566370203024276 地　址、电　话：福州市东湖路9号 0591-83558666 开户行及账号：中国工商银行福州市分行东湖路分理处 5800033807005857779	备注	银行信汇结算 

收款人：　　　　复核：　　　　开票人：张玉华　　　　销售方：(章)

第一联　记账联　销售方记账凭证

业务 9-3

中国工商银行信汇凭证(收账通知)4

委托日期：2016 年 12 月 04 日

汇款人	全 称	广东顺丰电器有限公司	收款人	全 称	榕辉机械有限责任公司
	账 号	4226746789970864674		账 号	5800033807005857779
	汇出地点	广东 省 中山 市/县		汇入地点	福建 省 福州 市/县
	汇出行名称	中国农业银行中山开发区支行		汇入行名称	中国工商银行福州市分行东湖路分理处

金额	人民币（大写）	贰拾叁万肆仟元整	亿 千 百 十 万 千 百 十 元 角 分
			¥ 2 3 4 0 0 0 0 0

款项已收入收款人账户
东湖分理
2016.12.04
转讫
汇出行签章

支付密码 ******

附加信息及用途：

复核：　　　　记账

此联汇出行给汇款人的收账通知

业务 10

福建增值税普通发票

No.67890543

3501941130

开票日期：2016 年 12 月 04 日

购买方	名　　称	榕辉机械有限责任公司	密码区	(略)
	纳税人识别号	566370203024276		
	地 址、电 话	福州市东湖路9号 0591-83558666		
	开户行及账号	中国工商银行福州市分行东湖路分理处 5800033807005857779		

货物或应税劳务、服务名称	规格型号	单位	数量	单价	金额	税率	税额
汽车修理费			1	194.17	194.17	3%	5.83
合　　计					¥194.17		¥5.83

价税合计(大写)　⊗ 贰佰元整　　　　　　　(小写) ¥200.00

销售方	名　　称	福州市美达汽车修理有限公司	备注	现金结算
	纳税人识别号	35015678945678899		
	地 址、电 话	福州市南台路40号 0591-83468477		
	开户行及账号	工商银行仓山支行1122334579678967890		

收款人：　　　复核：　　　开票人：王美　　　销售方：(章)

业务 11-1

差 旅 费 报 销 单

报销日期：*2016年 12月 04日*

部门	厂部办公室	出差人	陈丽		事由		参加信息交流会			
出差日期	起止地点	飞机	火车	汽车	市内交通	住宿费	会务费	其他	单据
11月26日	*福州至上海*		377.50				9000	1745	2
12月3日	*上海至福州*		377.50			2000			2
			¥755.00			¥2000.00	¥9000.00	¥1745.00	4
合 计					¥13500.00				
报销金额	人民币(大写)壹万叁仟伍佰元整				¥13500.00				
原借款	¥15000.00	报销额	¥13500.00		应退还	¥1500.00		应补付	
财会审核意见	已审核				审批人意见				

主管：方荣　　　会计：张玉华　　　出纳：　　　报销人：陈丽

业务 11-2

收 款 收 据

2016年 12月 04日　　　　　　　　　　　　　No.0112

交款人(单位)	厂部办公室　陈丽							
摘　　要	交回借支差旅费余款							
金额(大写)	壹仟伍佰元整	万	千	百	十	元	角	分
		¥	1	5	0	0	0	0

第三联 记账联

主管：方荣　　　会计：张玉华　　　出纳：赵梅

业务 12-1

借 款 单
2016年 12月 04日

资金性质：预支差旅费

部门	供应科	借款人	黄宝成
借款理由	到南昌采购		
金额	大写(人民币)：贰仟元整		小写：¥2000.00
领导批示	同意	财务主管	方荣

部门主管：　　　　　　　　　出纳：赵梅　　　　　借款人签字：黄宝成　用章

业务 12-2

中国工商银行
现金支票存根
10203310
10613654

附加信息

出票日期 2016年 12月 04日

收款人：黄宝成

金　额：¥2000.00

用　途：差旅费

单位主管 方荣　　会计 张玉华

业务 13-1

领 料 单

领料单位：二车间

用　　途：生产B产品　　　　2016年12月04日　　　　　　　　　　No. 12005

材料类别	材料名称及规格	计量单位	数量		单价	金额
			请领	实领		
原料	乙材料	千克	20 000	20 000	9	180 000

记账：张玉华　　　　　　　　发料：许强　　　　　　　　领料：赵光

业务 13-2

领 料 单

领料单位：二车间

用　　途：一般消耗　　　　2016年12月04日　　　　　　　　　　No. 12006

材料类别	材料名称及规格	计量单位	数量		单价	金额
			请领	实领		
原料	甲材料	千克	50	50	11	550
原料	乙材料	千克	40	40	9	360

记账：张玉华　　　　　　　　发料：许强　　　　　　　　领料：赵光

业务 13-3

领 料 单

领料单位：机修车间

用　　途：生产　　　　　2016年12月04日　　　　　　　　　　No.12007

材料类别	材料名称及规格	计量单位	数量 请领	数量 实领	单价	金额
原料	甲材料	千克	60	60	11	660

记账：张玉华　　　　　　　　发料：许强　　　　　　　　领料：吴基

业务 13-4

领 料 单

领料单位：行政管理部门

用　　途：一般耗用　　　　2016年12月04日　　　　　　　　　　No.12008

材料类别	材料名称及规格	计量单位	数量 请领	数量 实领	单价	金额
原料	甲材料	千克	30	30	11	330
原料	乙材料	千克	20	20	9	180

记账：张玉华　　　　　　　　发料：许强　　　　　　　　领料：王红

业务 14

上海增值税普通发票 发票联

No.89043279

3100253120

开票日期：2016 年 12 月 04 日

购买方	名　　称	榕辉机械有限责任公司	密码区	（略）		
	纳税人识别号	566370203024276				
	地址、电话	福州市东湖路9号 0591-83558666				
	开户行及账号	中国工商银行福州市分行东湖路分理处 5800033807005857779				

货物或应税劳务、服务名称	规格型号	单位	数量	单价	金额	税率	税额
物流快递费		次	1	330.47	330.47	3%	9.91
合　计					¥330.47		¥9.91
价税合计（大写）	⊗叁佰肆拾元叁角捌分				（小写） 340.38		

销售方	名　　称	上海顺达物流有限公司	备注	现金结算
	纳税人识别号	310128545678978		（上海顺达物流有限公司 310128545678978 发票专用章）
	地址、电话	上海市普陀区真南路103号 021-34567890		
	开户行及账号	农业银行上海桃浦支行34567892345893458908		

收款人： 　　　复核： 　　　开票人：江一蓝 　　　销售方：（章）

业务 15

中国工商银行汇票申请书（借方凭证）2

申请日期：2016 年 12 月 07 日 　　　第 089 号

收款人	江西南昌电子配件公司	汇款人	榕辉机械有限责任公司
账号或地址	工商银行南昌八一分理处 071356678543858	账号或地址	5800033807005857779
兑付地点	江西南昌	兑付行	中国工商银行福州市分行东湖路分理处

汇款金额	人民币（大写）	贰万元整	千	百	十	万	千	百	十	元	角	分
					¥	2	0	0	0	0	0	0

上列款项请从我账户内支付

（榕辉机械有限责任公司 财务专用章）

申请人盖章

科目	
对方科目	
转账日期	

复核　　　记账 张玉华

此联由汇款人留存做记账传票

业务 16

福建增值税普通发票

No.45673217

3500161130

开票日期：2016 年 12 月 07 日

购买方	名　　称：榕辉机械有限责任公司 纳税人识别号：566370203024276 地　址、电　话：福州市东湖路9号 0591-83558666 开户行及账号：中国工商银行福州市分行东湖路分理处　5800033807005857779	密码区	(略)

货物或应税劳务、服务名称	规格型号	单位	数量	单价	金额	税率	税额
复印纸		包	10	30.00	300.00	3%	9.00
签字笔		盒	5	9.13	45.63	3%	1.37
合　　计					¥345.63		¥10.37

价税合计(大写)	⊗叁佰伍拾陆元整	(小写) ¥356.00

销售方	名　　称：福州台江文化用品商店 纳税人识别号：350165432190908 地　址、电　话：福州市台江区国货路29号 0591-83704567 开户行及账号：农业银行福州国货支行33000456780356899056	备注	现金结算

收款人：　　　　复核：　　　　开票人：吕方　　　　销售方：(章)

业务 17-1

产品出库单

购货单位：江西利民电子有限公司

用　　途：销售　　　　日期：2016 年 12 月 07 日

名称	单位	应发	实发	单价	价款	税款	总货款
B产品	件	1000	1000	180.00	180000.00	30600.00	210600.00
合　计		1000	1000		180000.00	30600.00	210600.00

负责人：王兰金　　经发：王乐　　保管：许强　　填单：王乐

业务 17-2

福建增值税专用发票
记账联

No.89546890

3501141530

开票日期：2016 年 12 月 07 日

购买方	名称	江西利民电子有限公司	密码区	（略）
	纳税人识别号	362163730242068		
	地址、电话	江西省赣州市开发区359号 0791-56757827		
	开户行及账号	工商银行赣州市分行 071667835855438		

货物或应税劳务、服务名称	规格型号	单位	数量	单价	金额	税率	税额
B产品		件	1000	180.00	180000.00	17%	30600.00
合 计					¥180000.00		¥30600.00

价税合计(大写) ⊗贰拾壹万零陆佰元整　　(小写) ¥210600.00

销售方	名称	榕辉机械有限责任公司	备注	银行承兑汇票
	纳税人识别号	566370203024276		
	地址、电话	福州市东湖路9号 0591-83558666		
	开户行及账号	中国工商银行福州市分行东湖路分理处 5800033807005857779		

收款人：　　　　复核：　　　　开票人：张玉华　　　　销售方：(章)

业务 17-3

银行承兑汇票 2

CA01　00000000

出票日期（大写）：贰零壹陆年壹拾贰月零柒日

出票人	出票人全称	江西利民电子有限公司	收款人	全称	榕辉机械有限责任公司
	出票人账号	071673568541258		账号	5800338807005857779
	出票行全称	工商银行南昌市分行八一分理处		开户银行	中国工商银行福州市分行东湖路分理处

出票金额	人民币(大写)	贰拾壹万零陆佰元整	亿	千	百	十	万	千	百	十	元	角	分
						¥	2	1	0	6	0	0	0	0

汇票到期日(大写)	贰零壹柒年陆月零柒日	付款行	行号	
			地址	工商银行南昌市分行八一分理处

承兑协议编号：

本汇票请你行承兑，到期无条件付款　　本汇票已经承兑，到期日由本行付款汇款

承兑日期：2016 年 12 月 07 日

出票人签章　　备注：　　　　承兑行签章　　复核　　记账

业务 18

托收凭证(收账通知)4

委托日期：2016 年 12 月 08 日

业务类型		委托收款(□邮划、□电划)			托收承付(□邮划、□电划)				
汇款人	全称	天津五金厂			收款人	全称	榕辉机械有限责任公司		
	账号	116728903455684567				账号	5800033807005857779		
	地址	省 天津 市县	开户行	建设银行天津和平分行		地址	福建 省福州 市县	开户行	中国工商银行福州市分行东湖路分理处
金额	人民币(大写)	壹拾万元整			亿千百十万千百十元角分 ¥ 1 0 0 0 0 0 0 0				
款项内容	货款		托收凭据名称				附寄单证张数		
商品发运情况					合同名称号码				
备注：			款项收妥日期				东湖分理 2016.12.08 转讫		
复核 记账			2016 年 12 月 08 日				收款人开户银行签章 2016 年 12 月 08 日		

此联是付款人开户行凭以汇款或收款人开户行作收账通知

业务 19

借款偿还凭证(传票回单)

代号：343　　　　　　　　　　　　　　　　编号：

借款单位名称	榕辉机械有限责任公司	放款账号		存款账号	5800033807005857779							
偿还借款金额	(大写) 贰万元整				十万千百十元角分 ¥ 2 0 0 0 0 0							
请(已)从(收到)上列款项	号账户内(以现金)付出归还			记账日期	2016 年 12 月 08 日							
				借：	¥							
				贷：	¥							
				贷：	¥							
银行(单位)				日记账　　复核　　记账								
	银行(单位)签章			(主管)　　(会计)								

业务 20

中国工商银行
现金支票存根
10203310
10613654

附加信息

出票日期 *2016* 年 *12* 月 *08* 日

收款人：榕辉机械有限责任公司

金　额：¥*261241.20*

用　途：发工资

单位主管 方荣　　会计 张玉华

业务 21

工资结算汇总支付表

单位：元

部门		应付工资				代扣款项					小计	实发工资	领款人签名(由部门负责人领取并发放、签名)
		基本工资	岗位工资	超额奖励	合计	养老保险8%	医疗保险2%	失业保险1%	住房公积金10%	个人所得税			
生产车间	A产品生产工人	50 000.00	30 000.00	31 000.00	111 000.00	6 400.00	1 600.00	800.00	8 000.00	200.00	17 000.00	94 000.00	张山
	B产品生产工人	45 000.00	25 000.00	18 000.00	88 000.00	5 600.00	1 400.00	700.00	7 000.00	150.00	14 850.00	73 150.00	赵光
	一车间管理人员	23 000.00	9 000.00	7 600.00	39 600.00	2 560.00	640.00	320.00	3 200.00	110.00	6 830.00	32 770.00	张明
	二车间管理人员	18 000.00	8 500.00	5 100.00	31 600.00	2 120.00	530.00	265.00	2 650.00	90.00	5 655.00	25 945.00	陈虎
机修车间	生产工人	9 100.00	5 800.00	5 000.00	19 900.00	1 192.00	298.00	149.00	1 490.00	80.00	3 209.00	16 691.00	吴基
	管理人员	1 900.00	980.00	880.00	3 760.00	230.40	57.60	28.80	288.00		604.80	3 155.20	李琳
行政管理人员		9 600.00	6 400.00	2 950.00	18 950.00	1 280.00	320.00	160.00	1 600.00	60.00	3 420.00	15 530.00	黄宝成
合计		156 600.00	85 680.00	70 530.00	312 810.00	19 382.40	4 845.60	2 422.00	24 228.00	690.00	54 568.80	261 241.20	

部门负责人 方荣　　　　　　　　　　　　　　　　　　　　　制表人 张玉华

业务 22-1

江西增值税专用发票 发票联 No.18769534

3601161100

开票日期：2016 年 12 月 09 日

购买方	名　　称：榕辉机械有限责任公司 纳税人识别号：566370203024276 地　址、电　话：福州市东湖路9号 0591-83558666 开户行及账号：中国工商银行福州市分行东湖路分理处 5800033807005857779	密码区	(略)

货物或应税劳务、服务名称	规格型号	单位	数量	单价	金额	税率	税额
丙材料		件	400	30.00	12000.00	17%	2040.00
					¥12000.00		¥2040.00
合　计							
价税合计(大写)	⊗壹万肆仟零肆拾元整			(小写) ¥14040.00			

销售方	名　　称：江西南昌电子配件公司 纳税人识别号：360124263730020 地　址、电　话：江西省南昌市八一大道359号 0791-56789432 开户行及账号：工商银行南昌市分行八一分理处071356678543858	备注	

收款人：　　复核：　　开票人：张增　　销售方：(章)

业务 22-2

江西增值税专用发票 发票联 No.78963568

3601165130

开票日期：2016 年 12 月 09 日

购买方	名　　称：榕辉机械有限责任公司 纳税人识别号：566370203024276 地　址、电　话：福州市东湖路9号 0591-83558666 开户行及账号：中国工商银行福州市分行东湖路分理处 5800033807005857779	密码区	(略)

货物或应税劳务、服务名称	规格型号	单位	数量	单价	金额	税率	税额
运输费			1	1000.00	1000.00	11%	110.00
					¥1000.00		¥110.00
合　计							
价税合计(大写)	⊗壹仟壹佰壹拾元整			(小写) ¥1110.00			

销售方	名　　称：德邦物流运输有限公司 纳税人识别号：360160023703422 地　址、电　话：江西省南昌市庐山南大道49号 0791-56743892 开户行及账号：工商银行南昌市庐山大道分理处07135385886675	备注	

收款人：　　复核：　　开票人：林南　　销售方：(章)

业务 22-3

中国工商银行

银行汇票（多余款收账通知）4 汇票号码

出票日期（大写）	贰零壹陆年壹拾贰月零玖日	代理付款行：	行号：

收款人：	江西南昌电子配件公司	账号：	071356678543858

出票金额	人民币（大写）	贰万元整

实际结算金额	人民币（大写）	壹万伍仟壹佰伍拾元整	千百十万千百十元角分 ¥ 1 5 1 5 0 0 0

申请人：	格辉机械有限责任公司	账号：	5800033807005857779
出票行：	中国工商银行福州市分行东湖分理处	行号：	

备注：

出票行签章：东湖分理 2016.12.09 转讫

密押：

多余金额 千百十万千百十元角分 ¥ 4 8 5 0 0 0

左列退回多余金额已收入你账户内

账务主管　复核　经办

付款期限 壹个月

业务 22-4

收料单

发票号码：18769534　　2016年12月09日　　编　号：1203

供应单位：江西南昌电子配件公司　　收料仓库：材料仓库

材料类别：原料及主要材料

材料/编号	物料名称	规格型号	单位	数量		买价		实际成本			第三联 记账
				应收	实收	单价	金额	运杂费	其他	合计	
006	丙材料		件	400	400	30	12000.00	1000.00		13000.00	
		合计								¥13000.00	

采购员：王铎　　检验员：　　记账员：张玉华　　保管员：许强

业务 23-1

福建增值税普通发票

No.45673217

3501861130

开票日期：2016 年 12 月 09 日

购买方	名　　　称	榕辉机械有限责任公司	密码区	(略)
	纳税人识别号	566370203024276		
	地　址、电话	福州市东湖路9号 0591-83558666		
	开户行及账号	中国工商银行福州市分行东湖路分理处 5800033807005857779		

货物或应税劳务、服务名称	规格型号	单位	数量	单价	金额	税率	税额
餐费			1	776.70	776.70	3%	23.30
合　计					￥776.70		￥23.30

价税合计(大写)	⊗ 捌佰元整	(小写) ￥800.00

销售方	名　　　称	福州滨江酒楼餐饮有限公司	备注	转账支票结算
	纳税人识别号	563700567845678		
	地　址、电话	福州市西湖西路69号 0591-87459835		
	开户行及账号	工商银行福州湖西支行90784256789023456		

收款人：　　　　　复核：　　　　　开票人：范建林　　　　　销售方：(章)

业务 23-2

中国工商银行
转账支票存根

附加信息

出票日期 2016 年 12 月 09 日

收款人：福州滨江酒楼餐饮有限公司

金　额：￥800.00

用　途：餐饮费

单位主管 方荣　　会计 张玉华

业务 24

中国工商银行现金管理收费凭证

2016 年 12 月 09 日　　　　　　　　　　序号：7592

付款人户名	榕辉机械有限责任公司				
付款人账号	566370203024276		开户行名称	中国工商银行福州市分行东湖路分理处	
业务种类	购买支票				
计费项目	收费基数	费率	交易量	交易金额	收费金额
现金支票工本费		8.00元	2.00 本		16.00 元
转账支票工本费		9.00元	2.00 本		18.00 元

金额（大写）　叁拾肆元整　　（小写）¥34.00

日期：	日志号：	交易码：	币种：
金额：	终端号：	主管：	柜员：

制票：林撤　　　　　　　　　　　复核：

第一联　银行记账凭证

业务 25-1

中国工商银行电子缴税付款凭证

转账日期：2016 年 12 月 09 日　　　　　凭证字号：20161209123456

纳税人全称及纳税人识别号：榕辉机械有限责任公司 566370203024276

付 款 人 全 称：榕辉机械有限责任公司		
付 款 人 账 号：580033807005857779	征收机关名称：福州市鼓楼区地方市税务局	
付款人开户银行：中国工商银行福州市分行东湖路分理处	收款国库名称：鼓楼区金库	
小写（合计金额）：¥21693.78	缴款书交易流水号：45674898910987654	
大写（合计金额）：贰万壹仟陆佰玖拾叁元柒角捌分	税票号码：3456789023	

税、费 税号：

税款属期：2016 年 11 月

税(费)种名称	实缴金额
增值税	21693.78

东湖分理
2016.12.09
转讫

第　　次打印　　　　　　　　　　　　打印日期：20161210

第二联作付款回单(无银行收讫章无效)　　复核　　　　记账

业务 25-2

中国工商银行电子缴税付款凭证

转账日期：2016 年 12 月 09 日　　　　　　　　　　　凭证字号：2016120967856

纳税人全称及纳税人识别号：榕辉机械有限责任公司　566370203024276

付 款 人 全 称：榕辉机械有限责任公司	
付 款 人 账 号：5800033807005857779	征收机关名称：福州市鼓楼区地方市税务局
付款人开户银行：中国工商银行福州市分行东湖路分理处	收款国库名称：鼓楼区金库
小写(合计金额)：¥2 169.37	缴款书交易流水号：5678947484054789
大写(合计金额)：贰仟壹佰陆拾玖元叁角柒分	税票号码：3789532467

税、费 税号：

税款属期：2016 年 11 月

税(费)种名称	实缴金额
城市维护建设税	1518.56
教育费附加	650.81

（东湖分理 2016.12.1 转讫）

第　次打印　　　　　　　　　　　　　　　　　　打印日期：20161210

第二联作付款回单(无银行收讫章无效)　　　复核　　　　　记账

业务 26

中国工商银行送款回单

总字 89 号

填送 2016 年 12 月 10 日　　开户银行：中国工商银行福州市分行东湖路分理处　　字 12 号

单位全称	榕辉机械有限责任公司	账号	5800033807005857779								
人民币(大写)	陆拾万元整		亿	千	百	十万	万	千	百	十元	角	分
						¥6	0	0	0	0	0	0	0
款项来源	福州新光无线电厂投资款										
备注：此送款单于第　次清算提出		经办员　王伟	东湖分理 2016.12.10 转讫 银行签章处								
(附单据　张)											

单位主管：方荣　　会计：张玉华　　复核：　　　　　记账：

业务 27-1

领 料 单

领料单位：一车间

用　　途：劳动保护　　　　　　2016年 12月 10日　　　　　　No. 12009

材料类别	材料名称及规格	计量单位	数量		单　价	金　额
			请领	实领		
低值易耗品	工作服	套	80	80	118.00	9440.00

记账：张玉华　　　　　　发料：许强　　　　　　领料：张山

业务 27-2

领 料 单

领料单位：二车间

用　　途：劳动保护　　　　　　2016年 12月 10日　　　　　　No. 12010

材料类别	材料名称及规格	计量单位	数量		单　价	金　额
			请领	实领		
低值易耗品	工作服	套	50	50	118.00	5900.00

记账：张玉华　　　　　　发料：许强　　　　　　领料：赵光

业务 27-3

领 料 单

领料单位：机修车间
用　　途：劳动保护　　　　2016年12月10日　　　　　　　　　　　No.12011

材料类别	材料名称及规格	计量单位	数量 请领	数量 实领	单价	金额
低值易耗品	工作服	套	20	20	118.00	2360.00

记账：张玉华　　　　　　　　　发料：许强　　　　　　　　　领料：吴基

业务 28-1

福建增值税普通发票 发票联

3581161130

No.87532880

开票日期：2016年12月10日

购买方	名　　称：榕辉机械有限责任公司 纳税人识别号：566370203024276 地址、电话：福州市东湖路9号 0591-83558666 开户行及账号：中国工商银行福州市分行东湖路分理处 5800033807005857779	密码区	(略)

货物或应税劳务、服务名称	规格型号	单位	数量	单价	金额	税率	税额
铣床安装费			1	13495.15	13495.15	3%	404.85
合　　计					¥13495.15		¥404.85
价税合计(大写)	⊗壹万叁仟玖佰元整			(小写) ¥13900.00			

销售方	名　　称：福州星星安装公司 纳税人识别号：350156783490765 地址、电话：福州市通湖路247号 0591-87234599 开户行及账号：建设银行福州屏东支行3456789356876523345	备注	转账支票结算

收款人：　　　　　　复核：　　　　　　开票人：胡进歌　　　　　　销售方：(章)

业务 28-2

```
         中国工商银行
         转账支票存根

附加信息 _____
        _____

出票日期 2016 年 12 月 10 日
收款人：福州星星安装公司
金  额：¥13900.00
用  途：铣床安装费

单位主管 方荣   会计 张玉华
```

业务 29

厦门增值税普通发票   No.35890453

3502181120

开票日期：2016 年 12 月 10 日

购买方	名　　　称：榕辉机械有限责任公司 纳税人识别号：5663702030242 76 地　址、电　话：福州市东湖路9号 0591-83558666 开户行及账号：中国工商银行福州市分行东湖路分理处 5800033807005857779	密码区	(略)

货物或应税劳务、服务名称	规格型号	单位	数量	单价	金额	税率	税额
文件夹		个	5	50.54	252.70	3%	7.58
合　　　计					¥252.70		¥7.58
价税合计(大写)	⊗ 贰佰陆拾元贰角捌分				(小写) ¥260.28		

销售方	名　　　称：厦门点京文化用品有限公司 纳税人识别号：350203015678479 地　址、电　话：福建省厦门市望海路89号 0592-3727277 开户行及账号：交通银行厦门市分行金尚支行35234567894567679	备注	现金支付 （厦门点京文化用品有限公司 350203015678479 发票专用章）

收款人：　　　　复核：　　　　开票人：陈贝贝　　　　销售方：(章)

业务 30-1

领 料 单

领料单位：一车间

用　途：劳动保护　　　　　　2016 年 12 月 11 日　　　　　　　　　No.12012

材料类别	材料名称及规格	计量单位	数量		单 价	金 额
			请领	实领		
低值易耗品	手套	副	130	130	3.60	468.00

记账：张玉华　　　　　　　　发料：许强　　　　　　　　领料：张山

业务 30-2

领 料 单

领料单位：二车间

用　途：劳动保护　　　　　　2016 年 12 月 11 日　　　　　　　　　No.12013

材料类别	材料名称及规格	计量单位	数量		单 价	金 额
			请领	实领		
低值易耗品	手套	副	100	100	3.60	360.00

记账：张玉华　　　　　　　　发料：许强　　　　　　　　领料：赵光

业务 30-3

领 料 单

领料单位：机修车间
用　途：劳动保护　　　2016年12月11日　　　　　　　　　　　No. 12014

材料类别	材料名称及规格	计量单位	数量 请领	数量 实领	单价	金额
低值易耗品	手套	副	60	60	3.60	216.00

记账：张玉华　　　　　　　发料：许强　　　　　　　领料：吴基

业务 31-1

福建增值税专用发票
发票联

3501151133

No.36885217

开票日期：2016 年 12 月 11 日

购买方	名　　称：榕辉机械有限责任公司 纳税人识别号：566370203024276 地址、电话：福州市东湖路9号　0591-83558666 开户行及账号：中国工商银行福州市分行东湖路分理处　5800033807005857779	密码区	(略)

货物或应税劳务、服务名称	规格型号	单位	数量	单价	金额	税率	税额
压缩机		台	1	30000.00	30000.00	17%	5100.00
合　计					¥30000.00		¥5100.00

价税合计(大写)　⊗叁万伍仟壹佰元整　　　(小写)　¥35100.00

销售方	名　　称：福州压缩机厂 纳税人识别号：35013566730020 地址、电话：福州东大路25号　0591-63894563 开户行及账号：工商银行福州鼓楼支行5803807000577305879	备注	转账支票结算 

收款人：　　　　复核：　　　　开票人：陈一彬　　　　销售方：(章)

第三联 发票联 购买方记账凭证

业务 31-2

```
中国工商银行
转账支票存根

附加信息 _____
_____
_____

出票日期 2016 年 12 月 11 日
收款人：福州压缩机厂
金　额：¥35100.00
用　途：购买压缩机

单位主管 方荣    会计 张玉华
```

业务 31-3

固定资产验收单

2016 年 12 月 11 日

固定资产编号	名称	规格型号	计量单位	数量	供货单位	发票号码
2-06	压缩机	CA6140	台	1	福州压缩机厂	36885217
设备费	安装费	运杂费	包装费	其他	合计	预计使用年限	预计净产值	使用部门
30 000元					30 000元	5年	4%	机修车间
验收人意见	合格		验收人签章	李宏	保管使用人签章			

业务 32-1

领　料　单

领料单位：销售部

用　　途：向纸箱厂销售　　　　2016年12月11日　　　　No.12015

材料类别	材料名称及规格	计量单位	数量		单价	金额
			请领	实领		
原料	甲材料	千克	40	40	11	440

记账：张玉华　　　　　　　　发料：许强　　　　　　　　领料：王红

业务 32-2

福建增值税专用发票

3501441130　　　　　　记账联　　　　　　No.45678342

开票日期：2016年12月11日

购买方	名　　称：福州纸箱厂 纳税人识别号：350156370620302 地　址、电话：福州市工农路100号　0591-83798766 开户行及账号：兴业银行福州仓山支行　966664677756788	密码区	(略)

货物或应税劳务、服务名称	规格型号	单位	数量	单价	金额	税率	税额
甲材料		千克	40	17.00	680.00	17%	115.60
合　计					¥680.00		¥115.60

价税合计(大写)　　⊗柒佰玖拾伍元陆角整　　　　　(小写) ¥795.60

销售方	名　　称：榕辉机械有限责任公司 纳税人识别号：566370203024276 地　址、电话：福州市东湖路9号　0591-83558666 开户行及账号：中国工商银行福州市分行东湖路分理处　5800033807005857779	备注	现金收讫 

收款人：　　　　　复核：　　　　　开票人：张玉华　　　　　销售方：(章)

业务 32-3

中国工商银行现金存款凭条

日期：2016 年 12 月 11 日

存款人	全称	榕辉机械有限责任公司				款项来源	销售材料										
	账号	5800033807005857779				交款人											
	开户行	中国工商银行福州市分行东湖路分理处					亿	千	百	十	万	千	百	十	元	角	分
金额(大写)		柒佰玖拾伍元陆角整				金额(小写)						￥	7	9	5	6	0

票面	张数	万	千	百	十	元	票面	张数	百	十	元	角	分	备注
壹佰元	7			7	0	0	伍角	1				5	0	
伍拾元	1				5	0	壹角	1				1	0	
贰拾元	2				4	0	伍分							
拾元							贰分							
伍元	1					5	壹分							
贰元							其他							
壹元														

第二联 客户核对联

注：此联不作为入账依据

业务 33-1

福建增值税普通发票

No.**345678124**

3501141132

开票日期：2016 年 12 月 11 日

购买方	名 称： 榕辉机械有限责任公司	密码区	(略)
	纳税人识别号：566370203024276		
	地 址、电话：福州市东湖路9号 0591-83558666		
	开户行及账号：中国工商银行福州市分行东湖路分理处 5800033807005857779		

货物或应税劳务、服务名称	规格型号	单位	数量	单价	金额	税率	税额
压缩机安装费		台	1	1456.31	1456.31	3%	43.69
合　计					￥1456.31		￥43.69

价税合计(大写)　⊗壹仟伍佰元整　　(小写)￥1500.00

销售方	名 称： 福州机电安装公司	备注	转账支票结算
	纳税人识别号：350158923898523		
	地 址、电话：福州市工业路987号 0591-83678934		
	开户行及账号：建设银行福州工业路支行 9666245678903345678		

收款人：　　　复核：　　　开票人：陈玲　　　销售方：(章)

第二联 发票联 购买方记账凭证

业务 33-2

```
         中国工商银行
         转账支票存根

   附加信息
   _____
   _____

   出票日期 2016年 12月 11日
   ┌─────────────────────────┐
   │ 收款人：福州机电安装公司 │
   ├─────────────────────────┤
   │ 金  额：¥1500.00        │
   ├─────────────────────────┤
   │ 用  途：安装费          │
   └─────────────────────────┘
   单位主管 方荣    会计 张玉华
```

业务 33-3

固定资产交付使用单

使用部门：机修车间　　　　日期：2016年 12月 11日

设备名称	压缩机	设备编号	GF54433
规格型号	FDG33456	原始价值	31500.00元
精密程度		预计使用年限	5年
生产单位		预计净残值率	4%
出厂日期		交付使用日期	2016年 12月 11日
验收项目	验收记录		负责人
运转状况	良好		王锋
精度测试	良好		王锋
达产程度	良好		王锋
环境检查	良好		李宏
综合意见	可以使用		李宏

验收人：李宏　　　　接收人：王锋　　　　设备主管：李宏　　　　财务主管：方荣

业务 34

中国工商银行　电汇凭证(回单) 1

□普通　□加急　　委托日期：2016 年 12 月 14 日

汇款人	全称	榕辉机械有限责任公司	收款人	全称	广西配件厂
	账号	5800033807005857779		账号	5677899976535 88999
	汇出地点	福建 省 福州 市/县		汇入地点	广西 省 柳州 市/县
	汇出行名称	中国工商银行福州市分行东湖路分理处		汇入行名称	工商柳州分行

金额	贰万元整	亿	千	百	十	万	千	百	十	元	角	分
						¥	2	0	0	0	0	0

票证安全码：

附加信息及用途：

复核：　　　记账：

（东湖分理 2016.12.14 转讫 汇出行签章）

此联是汇出行给汇款人的回单

业务 35-1

产　品　出　库　单

购货单位：广东塑料厂

用　　途：销售　　　　日期：2016 年 12 月 14 日

名称	单位	应发	实发	单价	价款	税款	总货款
A产品	件	500	500	200.00	100000.00	17000.00	117000.00
合　计		500	500		100 000.00	17000.00	117000.00

负责人：王兰金　　经发：王乐　　保管：许强　　填单：王乐

第三联　财务记账

业务 35-2

福建增值税专用发票 记账联

No.**37904316**

3501141139

开票日期：2016 年 12 月 14 日

购买方	名　　称：广东塑料厂 纳税人识别号：440100577931234 地　址、电　话：广州市新华路50号 020-35649054 开户行及账号：工行广州新华支行 555678953357	密码区	（略）

货物或应税劳务、服务名称	规格型号	单位	数量	单价	金额	税率	税额
A产品		件	500	200.00	100000.00	17%	17000.00
合　　计					¥100000.00		¥17000.00

价税合计（大写）	⊗壹拾壹万柒仟元整	（小写） ¥117000.00

| 销售方 | 名　　称：榕辉机械有限责任公司
纳税人识别号：566370203024276
地　址、电　话：福州市东湖路9号 0591-83558666
开户行及账号：中国工商银行福州市分行东湖路分理处 5800033807005857779 | 备注 | 银行转账
 |

收款人：　　　复核：　　　开票人：张玉华　　　销售方：（章）

业务 35-3

代垫运费证明单

日期：2016 年 12 月 14 日

购货单位	广东塑料厂	发往地点	广州市
货物名称	A产品	购货数量	500件
运费金额	大写：肆仟陆佰元整		¥4 600.00
运输方式及票号		汽运	

部门负责人：王兰金　　　　　　　经手人：张大平

业务 35-4

中国工商银行
转账支票存根

附加信息

出票日期 2016 年 12 月 14 日

收款人	德邦物流运输有限公司
金　额	¥4600.00
用　途	代垫运输费

单位主管 方荣　会计 张玉华

业务 36-1

福建增值税普通发票

No.98765343

3501161120

开票日期：2016 年 12 月 14 日

购买方	名　称：榕辉机械有限责任公司 纳税人识别号：566370203024276 地址、电话：福州市东湖路9号 0591-83558666 开户行及账号：中国工商银行福州市分行东湖路分理处 5800033807005857779	密码区	(略)

货物或应税劳务、服务名称	规格型号	单位	数量	单价	金额	税率	税额
广告费			1	19417.48	19417.48	3%	582.52
合　计					¥19417.48		¥582.52

价税合计(大写)	⊗ 贰万元整	(小写) ¥20000.00

销售方	名　称：福州金通广告有限公司 纳税人识别号：350125896809623 地址、电话：福州市鼓东路27号 0591-87234678 开户行及账号：建设银行福州旗汛口支行 95934567890545673	备注	转账支票结算

收款人：　　　复核：　　　开票人：胡杨　　　销售方：(章)

业务 36-2

```
中国工商银行
转账支票存根
102634567878

附加信息
_____

出票日期 2016 年 12 月 14 日
收款人：福州金通广告有限
        公司
金　额：¥20000.00
用　途：广告费
单位主管 方荣    会计 张玉华
```

业务 37-1

差旅费报销单

报销日期：2016 年 12 月 14 日

部门	一车间	出差人	黄宝成	事由		采购				
出差日期	起止地点	飞机	火车	汽车	市内交通费	住宿费	会务费	其他	合计	单据
12月9日	福州至南昌		200.00							1
12月10日	南昌至福州		200.00			700.00		750.00		2
合　计					¥1850.00					
报销金额	人民币(大写)壹仟捌佰伍拾元整			¥1850.00						
原借款	¥2000.00	报销额	¥1850.00	应退还	¥150.00	应补付				
财会审核意见	已审核		审批人意见							

主管：方荣　　　　会计：张玉华　　　　出纳：　　　　报销人：黄宝成

业务 37-2

收 款 收 据

2016 年 *12* 月 *14* 日   No. 0118

交款人(单位)	供应科黄宝成							
摘　　要	交回借支差旅费余款							
金额(大写)	壹佰伍拾元整	万	千	百	十	元	角	分
				¥1	5	0	0	0

第三联 记账联

主管：方荣　　　　会计：张玉华　　　　出纳：赵梅

业务 38-1

收 款 收 据

2016 年 *12* 月 *15* 日   No. 0119

交款人(单位)	湖南长沙电器贸易公司							
摘　　要	合同违约金							
金额(大写)	叁仟元整	万	千	百	十	元	角	分
			¥3	0	0	0	0	0

第三联 记账联

主管：方荣　　　　会计：张玉华　　　　出纳：赵梅

业务 38-2

中国工商银行 信汇凭证(收账通知)4

委托日期：2016 年 12 月 15 日

汇款人	全 称	湖南长沙电器贸易公司	收款人	全 称	榕辉机械有限责任公司
	账 号	6222081900016 5466		账 号	5800033807005857779
	汇出地点	湖南 省 长沙 市/县		汇入地点	福建 省 福州 市/县
	汇出行名称	工行长沙市东塘支行		汇入行名称	中国工商银行福州市分行东湖路分理处

金额	人民币（大写）	叁仟元整	亿	千	百	十	万	千	百	十	元	角	分
							¥	3	0	0	0	0	0

款项已收入收款人账户

长沙东塘
2016.12.15
转讫

汇出行签章

支付密码 ******

附加信息及用途：违约金

复核　　记账

此联是汇出行给汇款人的收账通知

业务 39

固定资产交付使用单

使用车间：*一车间*　　　　日期：*2016* 年 *12* 月 *15* 日

设备名称	铣床	设备编号	XC123
规格型号	JK86	原始价值	245804.51元
精密程度		预计使用年限	10年
生产单位	福州星星安装公司	预计净残值率	5%
出厂日期		交付使用日期	2016年 12月 15日
验收项目	验收记录		负责人
运转状况	良好		林意
精度测试	良好		林意
达产程度	良好		林意
环境检查	良好		李宏
综合意见	可以使用		李宏

验收人：李宏　　接收人：林意　　设备主管：李宏　　财务主管：

业务 40-1

产品出库单

购货单位：福州机电设备有限公司

用　途：销售　　　　日期：2016年12月15日

名称	单位	应发	实发	单价	价款	税款	总货款
B产品	件	600	600	180.00	108000.00	18360.00	126360.00
合　计		600	600		108000.00	18360.00	126360.00

负责人：王兰金　　　经发：王乐　　　保管：许强　　　填单：王乐

第三联 财务记账

业务 40-2

福建增值税专用发票

记账联

No.37904317

3501161133

开票日期：2016年12月15日

购买方	名　称：福州机电设备有限公司 纳税人识别号：566370203863502 地址、电话：福州市东湖路234号 0591-83545364 开户行及账号：工行东湖分理 5800338070067539802	密码区	(略)

货物或应税劳务、服务名称	规格型号	单位	数量	单价	金额	税率	税额
B产品		件	600	180.00	108000.00	17%	18360.00
合　计					¥108000.00		¥18360.00

价税合计(大写)	⊗壹拾贰万陆仟叁佰陆拾元整	(小写) ¥126360.00

销售方	名　称：榕辉机械有限责任公司 纳税人识别号：566370203024276 地址、电话：福州市东湖路9号 0591-83558666 开户行及账号：中国工商银行福州市分行东湖路分理 5800338070058577779	备注	银行转账 榕辉机械有限责任公司 566370203024276 发票专用章 销售方：(章)

收款人：　　　　复核：　　　　开票人：张玉华

第一联 记账联 销售方记账凭证

业务 40-3

中国工商银行 进 账 单 (收账通知) 3

2016 年 12 月 15 日   第　号

出票人	全　称	福州机电设备有限公司	收款人	全　称	榕辉机械有限责任公司
	账　号	566370203863502		账　号	5800033807005857779
	开户银行	工行福州分行东湖路分理处		开户银行	中国工商银行福州市分行东湖路分理处

金额	人民币 (大写)	壹拾贰万陆仟叁佰陆拾元整	亿	千	百	十	万	千	百	十	元	角	分
					¥	1	2	6	3	6	0	0	0

票据种类	支票	票据张数	1
票据号码			

东湖分理
2016.12.15
转讫

收款人开户银行签章

复核　　　记账

此联是收款人开户行交给收款人的收账通知

- - - - - - - - - - - - - - ✂ - - - - - - - - - - - - - -

业务 41

福建增值税专用发票
发票联

3501161134

No.32456088

开票日期：2016 年 12 月 16 日

购买方	名　称	榕辉机械有限责任公司	密码区	(略)
	纳税人识别号	566370203024276		
	地址、电话	福州市东湖路9号 0591-83558666		
	开户行及账号	中国工商银行福州市分行东湖路分理处 5800033807005857779		

货物或应税劳务、服务名称	规格型号	单位	数量	单价	金额	税率	税额
运输费				2000.00	2000.00	11%	220.00
合　计					¥2000.00		¥220.00

价税合计(大写)	⊗贰仟贰佰贰拾元整	(小写) ¥2220.00

销售方	名　称	好运来货物运输有限公司	备注	现金支付
	纳税人识别号	566370213245678		
	地址、电话	福州市东湖路90号 0591-83240887		
	开户行及账号	工行东湖分理 5800033807000050098674		

收款人：　　　复核：　　　开票人：王芳芳　　　销售方：

第三联 发票联 购买方记账凭证

业务 42

```
中国工商银行
现金支票存根
10203310
10613654

附加信息
_____
_____

出票日期 2016 年 12 月 16 日
收款人：榕辉机械有限责任
       公司
金  额：¥2000.00
用  途：备用金

单位主管 方荣    会计 张玉华
```

业务 43-1

ICBC 中国工商银行托收凭证(付款通知)5

委托日期：2016 年 12 月 17 日	付款期限 年 月 日

业务类型	委托收款（□邮划、☑电划）	托收承付（□邮划、□电划）

汇款人	全称	榕辉机械有限责任公司	收款人	全称	福州市社会保险基金管理中心
	账号	5800033807005857779		账号	6009123456
	地址	福建省福州市县	开户行	工行福州市分行东湖路分理处	地址	福建 省福州市县	开户行	工行新华分理处

金额	人民币（大写）	肆万捌仟肆佰伍拾陆元整	亿	千	百	十	万	千	百	十	元	角	分
							¥	4	8	4	5	6	0	0

款项内容	养老保险金	托收凭据名称	非税收入缴款书	附寄单证张数	1

商品发运情况		合同名称号码	

备注：
付款人开户银行收到日期：
      年 月 日

付款人开户银行签章：
东湖分理
2016.12.17
转讫 年 月 日

复核   记账

付款人注意：
1. 根据支付结算办法，上列委托收款(托收未付)款项再付款期限内未提出拒付，即视为同意付款，以此代付款通知。
2. 如需提出全部或部分拒付，应在规定期限内，将拒付理由书并附债务证明退交开户银行。

此联是付款人开户银行给付款人的按期付款通知

业务 43-2

非税收入一般缴款书(收据)4

No. 6789553

填制日期：2016 年 12 月 17 日　　执收单位名称：　　　　　执收单位编码：3502347912
组织机构代码：35021466

付款人	全　称	榕辉机械有限责任公司	收款人	全　称	福州市社会保险基金管理中心
	账　号	5800033807005857779		账　号	6009123456
	开户行	工行福州市分行东湖路分理处		开户行	工行福州市新华分理处
币种：人民币		金额(大写)⊗肆万捌仟肆佰伍拾陆元整		(小写)：¥48456.00	

项目编码	收入项目名称	单位	数量	收缴标准	金额
	养老保险费				48456.00

执收单位(盖章)　　　　　　　　　　备注：

（福州社会保险基金管理中心 财务专用章）

经办人(签章)：

校验码：

业务 44-1

产　品　出　库　单

购货单位：福州星海有限公司
用　途：销售　　　　日期：2016 年 12 月 17 日

名称	单位	应发	实发	单价	价款	税款	总货款
B产品	件	400	400	180.00	72000.00	12240.00	84240.00
合　计		400	400		72000.00	12240.00	84240.00

负责人：王兰金　　经发：王乐　　保管：许强　　填单：王乐

业务 44-2

福建增值税专用发票

No.37904318

3501164130

开票日期: 2016年12月15日

购买方	名称: 福州星海有限公司 纳税人识别号: 566370206578231 地址、电话: 福州市北大街45号 0591-83559078 开户行及账号: 工行北大街分理3467736785400878	密码区	(略)

货物或应税劳务、服务名称	规格型号	单位	数量	单价	金额	税率	税额
B产品		件	400	180.00	72000.00	17%	12240.00
合计					¥72000.00		¥12240.00

价税合计(大写)	⊗捌万肆仟贰佰肆拾元整	(小写) ¥84240.00

销售方	名称: 榕辉机械有限责任公司 纳税人识别号: 566370203024276 地址、电话: 福州市东湖路9号 0591-83558666 开户行及账号: 工行福州市分行东湖路分理处 5800033807005857779	备注	银行转账

收款人: 复核: 开票人: 张玉华 销售方: (章)

业务 44-3

中国工商银行 进账单 (收账通知) 3

2016年12月17日 第 号

出票人	全称	福州星海有限公司	收款人	全称	榕辉机械有限责任公司
	账号	3467736785400878		账号	5800033807005857779
	开户银行	工行福州市分行北大街分理处		开户银行	工行福州市分行东湖路分理处

金额	人民币(大写)	捌万肆仟贰佰肆拾元整	亿	千	百	十	万	千	百	十	元	角	分
					¥	8	4	2	4	0	0	0

票据种类	支票	票据张数	1
票据号码			

东湖分理
2016.12.17
转讫

复核: 记账: 收款人开户银行签章

业务 45

商业承兑汇票(存根) 3

汇票号码
第　号

出票日期（大写）　贰零壹陆年壹拾贰月零柒日

付款人	全称	榕辉机械有限责任公司	收款人	全称	广州油化厂
	账号	5800033807005857779		账号	98005436567657
	开户银行	工行福州市分行东湖路分理处		开户银行	工商银行广州分行

出票金额	人民币（大写）	叁万贰仟元整	亿千百十万千百十元角分 ¥ 3 2 0 0 0 0 0 0

汇票到期日（大写）	贰零壹柒年陆月壹拾柒日	交易合同号码	

本汇票请你行到期无条件付款。

（财务专用章）

出票人签章

此联是出票人存根

业务 46

关于同意转销无法收回前欠货款的批复

财务部：

你部《关于转销无法收回兰州机械厂货款的请示》已经收悉。经核实，所述该公司已经破产倒闭事实属实，根据有关财务制度的规定，同意将该应收账款15 000元(人民币壹万伍仟元)转作坏账。请按照相关财务制度进行账务处理。

特此批复。

榕辉机械有限责任公司
（盖章）
财务专用章
2016.12.16

业务 47

借 款 单
2016 年 12 月 18 日

资金性质：*暂借*

部门	生产科	借款人	李宏
借款理由	参加上海新技术研讨会		
金额	大写：壹仟伍佰元整		小写：¥1500.00
领导批示	同意		方荣

部门主管：*李宏*　　　　　出纳：*赵梅*　　　　　借款人签字：*李宏*

业务 48-1

```
中国工商银行
转账支票存根

附加信息
_____
_____

出票日期 2016 年 12 月 21 日
收款人：福州慈善总会
金　额：¥2000.00
用　途：捐赠

单位主管 方荣    会计 张玉华
```

业务 48-2

非税收入一般缴款书(收据)4

No. 76435408

填制日期：2016 年 12 月 21 日　　执收单位名称：　　　　　　　执收单位编码：3503571361

组织机构代码：35031352

付款人	全称	榕辉机械有限责任公司	收款人	全称	福州市慈善总会
	账号	5800033807005857779		账号	97456321008
	开户行	工行福州市东湖路分理处		开户行	工行福州市分行新华分理处

币种：人民币　　金额(大写)⊗贰仟元整　　　　　(小写)：¥2000.00

项目编码	收入项目名称	单位	数量	收缴标准	金额
	捐赠款				2000.00

执收单位(盖章)　　　　　　　　　　　　　　备注：

（福州市慈善总会财务专用章）

经办人(签章)

第四联　执收单位给缴款人收据

校验码：

业务 49-1

中国工商银行
转账支票存根

附加信息

出票日期 *2016* 年 *12* 月 *21* 日

收款人：联想集团福州销售公司

金　额：¥58500.00

用　途：货款

单位主管　方荣　　会计　张玉华

业务 49-2

福建增值税专用发票

3508161130

No.63427823

开票日期：2016 年 12 月 21 日

购买方	名　　称	榕辉机械有限责任公司					密码区	(略)		
	纳税人识别号	566370203024276								
	地　址、电　话	福州市东湖路9号　0591-83558666								
	开户行及账号	工行福州市分行东湖路分理处　5800033807005857779								

货物或应税劳务、服务名称	规格型号	单位	数量	单价	金额	税率	税额
计算机		台	10	5000.00	50000.00	17%	8500.00
合　　计					¥50000.00		¥8500.00
价税合计(大写)	⊗伍万捌仟伍佰元整				(小写) ¥58500.00		

销售方	名　　称	联想集团福州销售公司	备注	转账支票结算
	纳税人识别号	566372034987005		
	地　址、电　话	福州市幸福路223号　0591-87782345		
	开户行及账号	工行幸福分理　633456790012345224		

收款人：　　　复核：　　　开票人：李丽　　　销售方：(章)

业务 49-3

固定资产交付使用单

使用车间：*行政部*　　　日期：*2016 年 12 月 21 日*

设备名称	*计算机*	设备编号	*JSJ025*
规格型号	*S41*	原始价值	*50000.00 元*
精密程度		预计使用年限	*5 年*
生产单位	*联想集团*	预计净残值率	*5%*
出厂日期		交付使用日期	*2016 年 12 月 21 日*
验收项目	验收记录		负责人
运转状况	*良好*		*张芳*
精度测试	*良好*		*张芳*
达产程度			
环境检查			
综合意见	*可以使用*		*周敏琴*

验收人：*李宏*　　接收人：*张芳*　　设备主管：*周敏琴*　　财务主管：*方荣*

业务 50-1

浙江增值税专用发票
发票联

No.**46740998**

3501131130

开票日期：2016 年 12 月 21 日

购买方	名　称：榕辉机械有限责任公司 纳税人识别号：566370203024276 地　址、电　话：福州市东湖路9号 0591-83558666 开户行及账号：中国工商银行福州市分行东湖路分理处 5800033807005857779	密码区	（略）

货物或应税劳务、服务名称	规格型号	单位	数量	单价	金额	税率	税额
乙材料		千克	4100	11.00	45100.00	17%	7667.00
合　计					¥45100.00		¥7667.00

价税合计（大写）　⊗ 伍万贰仟柒佰陆拾柒元整　　　　（小写）　¥52767.00

销售方	名　称：浙江钢材有限公司 纳税人识别号：723682013452098 地　址、电　话：杭州市平安大街266号 0571-76402388 开户行及账号：工行杭州支行9812312807002349008	备注	（浙江钢材有限公司发票专用章）

收款人：　　　　　复核：　　　　　开票人：李乐家　　　　　销售方：（章）

业务 50-2

商业承兑汇票(存根) 3

汇票号码
第　号

出票日期（大写）：贰零壹陆年壹拾贰月贰拾壹日

付款人	全　称	榕辉机械有限责任公司	收款人	全　称	浙江钢材有限公司
	账　号	5800033807005857779		账　号	9812312807002349008
	开户银行	工行福州市分行东湖路分理处		开户银行	工商银行广州市支行

出票金额	人民币（大写）	伍万贰仟柒佰陆拾柒元整	亿	千	百	十	万	千	百	十	元	角	分
						¥	5	2	7	6	7	0	0

汇票到期日（大写）：贰零壹柒年零陆月贰拾壹日　　交易合同号码：

本汇票请你行承兑，到期无条件付款。

（榕辉机械有限责任公司财务专用章）

出票人签章

业务 50-3

入 库 单

存放地点：
供货单位：浙江钢材公司　　　2016 年 12 月 21 日　　　第　　号

类别	编号	名称型号	单位	数量	单位成本	金额	用途
		乙材料	千克	4100	9	36900.00	生产
		合 计		4100		36900.00	

负责人：黄宝成　　　经发：王梅　　　保管：许强　　　填单：王梅

第三联 财务记账

业务 51

ICBC 中国工商银行托收凭证（付款通知）5

委托日期：2016 年 12 月 22 日　　付款期限　　年　月　日

业务类型	委托收款(□邮划、☑电划)		托收承付(□邮划、□电划)	
汇款人	全称	榕辉机械有限责任公司	收款人 全称	成都机械制造厂
	账号	5800033807005857779	账号	8780098787651230 03
	地址	福建省福州　市县 开户行 工行福州市分行东湖路分理处	地址	四川省成都　市县 开户行 工行成都分行

金额	人民币（大写）	壹拾万元整	亿 千 百 十 万 千 百 十 元 角 分
			￥　　　　1 0 0 0 0 0 0 0

款项内容	货款	托收凭据名称	银行承兑汇票	附寄单证张数	1

商品发运情况　　　　　　　　　合同名称号码

备注：
付款人开户银行收到日期：
　　　　年　月　日
复核　　记账

东湖分理
付款人开户银行签章：
2016.12.22
转讫
　　　年　月　日

付款人注意
1. 根据支付结算办法，上列委托收款(托收未付)款项再付款期限内未提出拒付，即视为同意付款，以此代付款通知。
2. 如需提出全部或部分拒付，应在规定期限内，将拒付理由书并附债务证明退交开户银行。

业务 52-1

江西增值税专用发票
发票联

No.29808713

3508161130

开票日期：2016 年 12 月 22 日

购买方	名 称	榕辉机械有限责任公司	密码区	(略)
	纳税人识别号	566370203024276		
	地 址、电 话	福州市东湖路9号 0591-83558666		
	开户行及账号	中国工商银行福州市分行东湖路分理 5800033807005857779		

货物或应税劳务、服务名称	规格型号	单位	数量	单价	金额	税率	税额
甲材料		千克	7200	13.00	93600.00	17%	15912.00
合 计					¥93600.00		¥15912.00

价税合计(大写)：⊗壹拾万玖仟伍佰壹拾贰元整　　(小写) ¥109512.00

销售方	名 称	南昌金属材料有限公司	备注	
	纳税人识别号	786342009432456		
	地 址、电 话	南昌市顺外路789号 0791-86267888		
	开户行及账号	工行顺外分理 7089612807006023415		

收款人：　　　复核：　　　开票人：王涵　　　销售方：(章)

业务 52-2

中国工商银行信汇凭证(回单)1

委托日期：2016 年 12 月 22 日

汇款人	全 称	榕辉机械有限责任公司	收款人	全 称	南昌金属材料有限公司
	账 号	5800033807005857779		账 号	7089612807006023415
	汇出地点	福建 省 福州 市/县		汇入地点	江西 省 南昌 市/县
	汇出行名称	工行福州市分行东湖路分理处		汇入行名称	工行顺外分理

金额	人民币(大写)	壹拾万玖仟伍佰壹拾贰元整	亿	千	百	十	万	千	百	十	元	角	分
					¥	1	0	9	5	1	2	0	0

支付密码：******

附加信息及用途：材料款

东湖分理
2016.12.22
转讫
汇出行签章

复核　　　记账

业务 52-3

入 库 单

存放地点：
供货单位：南昌金属材料有限公司　　2016年12月22日　　　　第　号

类别	编号	名称型号	单位	数量	单位成本	金额	用途
		甲材料	千克	7200	11.00	79200.00	生产
		合　计		7200		79200.00	

第三联　财务记账

负责人：黄宝成　　　经发：王梅　　　保管：许强　　　填单：王梅

业务 53-1

非税收入一般缴款书(收据)4

No. 43520736

填制日期：2016 年 12 月 22 日　　执收单位名称：　　　执收单位编码：3503662223

组织机构代码：35033463

付款人	全　称	榕辉机械有限责任公司	收款人	全　称	福州市产品质量监督检验所
	账　号	5800033807005857779		账　号	600083456708
	开户行	工行福州市东湖路分理处		开户行	工行福州市和平支行

| 币种：人民币 | 金额(大写)⊗壹仟陆佰捌拾陆元柒角贰分 | (小写)：¥1686.72 |

项目编码	收入项目名称	单　位	数　量	收缴标准	金　额
	检验费				1686.72

第四联　执收单位给缴款人的收据

执收单位(盖章) 　　　备注：

　　　　　　　　　　　经办人(签章)：

校验码：

业务 53-2

ICBC 中国工商银行托收凭证(付款通知)5

委托日期：2016 年 12 月 22 日　　付款期限　　年　月　日

业务类型	委托收款(□邮划、☑电划)		托收承付(□邮划、□电划)	
汇款人	全称	榕辉机械有限责任公司	收款人	全称	福州市产品质量监督检验所
	账号	5800033807005857779		账号	600083456708
	地址	福建省福州市县	开户行	工行福州市分行东湖路分理处	地址	福建省福州市县	开户行	工行和平支行

金额	人民币(大写)	壹仟陆佰捌拾陆元柒角贰分	亿 千 百 十 万 千 百 十 元 角 分
			¥ 　　　　　1 6 8 6 7 2

款项内容	检验费	托收凭据名称	非税收入缴款书	附寄单证张数	1

商品发运情况：　　　　　　　　合同名称号码：

备注：
付款人开户银行收到日期：　　东湖分理　　付款人开户银行签章：
　　年　月　日　　2016.12.22 转讫　　　年　月　日

付款人注意：
1. 根据支付结算办法，上列委托收款(托收未付)款项再付款期限内未提出拒付，即视为同意付款，以此代付款通知。
2. 如需提出全部或部分拒付，应在规定期限内，将拒付理由书并附债务证明退交开户银行。

复核　　记账

此联是付款人开户银行给付款人的按期付款通知

业务 54

 中国工商银行

存款利息通知单(收账通知)

记账日期：2016.12.22　　检索号：

付款人户名：中国工商银行福州市分行东湖路分理处　　付款人姓名：908766755006
收款人户名：榕辉机械有限责任公司　　收款人账号：5800033807005857779
金额：人民币(大写)壹佰伍拾元叁角贰分　　¥150.32

起息日期：2016.9.23　　止息日期：2016.12.22　　息余积数：　　利率：
利息：150.32　　调整利息：　　冲正利息：　　计息账户账号：

金融自助卡号：
银行验证码：　　　　东湖分理　2016.12.22 打印时间：　　打印方式：　　已打印次数：
地区号：　　网点号：　转讫　　柜员号：　　授权柜员号：

业务 55

固定资产交付使用单

使用车间：一车间　　　　　日期：2016 年 12 月 23 日

设备名称	运输卡车	设备编号	KC3893
规格型号	DF9873	原始价值	160000.00 元
精密程度		预计使用年限	10 年
生产单位	江苏威联公司捐赠	预计净残值率	4%
出厂日期		交付使用日期	2016 年 12 月 23 日
验收项目	验收记录		负责人
运转状况	良好		林东
精度测试	良好		林东
达产程度	良好		林东
环境检查	良好		李宏
综合意见	可以使用		李宏

验收人：李宏　　　接收人：林东　　　设备主管：李宏　　　财务主管：方荣

业务 56

中国工商银行信汇凭证(回单)1

委托日期：2016 年 12 月 23 日

汇款人	全称	榕辉机械有限责任公司	收款人	全称	南京钢材厂
	账号	58000338070058577779		账号	78634209764756
	汇出地点	福建 省 福州 市/县		汇入地点	江苏 省 南京 市/县
	汇出行名称	工行福州市分行东湖路分理处		汇入行名称	工行南京支行

金额	人民币, (大写)	叁万玖仟叁佰捌拾叁元玖角柒分	亿	千	百	十	万	千	百	十	元	角	分
							¥	3	9	3	8	3	9	7

款项已收入收款人账户

支付密码　******

附加信息及用途：偿还货款

汇出行签章：东湖分理 2016.12.23 转讫

复核　　记账

此联是汇出行给汇款人的回单

业务 57-1

```
        中国工商银行
        转账支票存根

附加信息

出票日期 2016 年 12 月 23 日

收款人：福州文具用品公司

金　　额：¥1500.00

用　　途：货款

单位主管 方荣    会计 张玉华
```

业务 57-2

福建增值税普通发票　发票联　No.23678901

3501161120

开票日期：2016 年 12 月 23 日

购买方	名称	榕辉机械有限责任公司							
	纳税人识别号	566370203024276							
	地址、电话	福州市东湖路9号 0591-83558666							
	开户行及账号	中国工商银行福州市分行东湖路分理处 5800033807005857779							

货物或应税劳务、服务名称	规格型号	单位	数量	单价	金额	税率	税额
文件柜		个	5	291.26	1456.30	3%	43.70
合　计					¥1456.30		¥43.70
价税合计(大写)	⊗壹仟伍佰元整			(小写) ¥1500.00			

销售方	名称	福州文具用品公司
	纳税人识别号	566370203024276
	地址、电话	福州市东湖路108号 0591-83532678
	开户行及账号	工行东湖分理处 58000338071812345239

备注：转账支票结

收款人：　　复核：　　开票人：方芳　　销售方：(章)

业务 57-3

入 库 单

存放地点：
供货单位：福州文具用品公司　　　2016年12月23日　　　　　　　第　号

类别	编号	名称型号	单位	数量	单位成本	金额	用途
		文件柜	个	5	300.00	1500.00	办公
		合　计		5		1500.00	

第三联 财务记账

负责人：黄宝成　　　经发：王梅　　　保管：许强　　　填单：王梅

业务 57-4

低值易耗品摊销计算表

2016年12月23日　　　　　　　　　　　　　　　　　单位：元

名　称	摊销方法	原值	摊销比例	本期摊销金额
文件柜	五五摊销	1500.00	50%	750.00
合　计				750.00

制单：张玉华　　　　　　　　　　　　　财务科长：方菜

业务 58-1

福建增值税专用发票

No.**37904319**

3501161130

开票日期：2016 年 12 月 24 日

购买方	名　称：	广东广州机械厂	密码区	(略)
	纳税人识别号：	876500206570098		
	地　址、电　话：	广州市财富街66号 98701234		
	开户行及账号：	工行广州分行 3452356854078954		

货物或应税劳务、服务名称	规格型号	单位	数量	单价	金额	税率	税额
A产品		件	1000	250.00	250000.00	17%	42500.00
合　计					¥250000.00		¥42500.00
价税合计(大写)	⊗贰拾玖万贰仟伍佰元整			(小写)	¥292500.00		

销售方	名　称：	榕辉机械有限责任公司	备注	银行转账
	纳税人识别号：	566370203024276		
	地　址、电　话：	福州市东湖路9号 0591-83558666		
	开户行及账号：	中国工商银行福州市分行东湖路分理处 580003380700585779		

收款人：　　　复核：　　　开票人：张玉华　　　销售方：(章)

业务 58-2

产 品 出 库 单

购货单位：广东广州机械厂

用　　途：销售　　　　日期：2016 年 12 月 24 日

名称	单位	应发	实发	单价	价款	税款	总货款
A产品	件	1000	1000	250.00	250000.00	42500.00	292500.00
合　计		1000	1000		250000.00	42500.00	292500.00

负责人：王兰金　　经发：王乐　　保管：许强　　填单：王乐

业务 58-3

银行承兑汇票 2

CA01 0000000

出票日期（大写）：贰零壹陆年壹拾贰月贰拾肆日

出票人	出票人全称	中国广东广州机械厂	收款人	全称	榕辉机械有限责任公司
	出票人账号	345680245654009		账号	5800033807005857779
	出票行全称	中国工商银行广州分行		开户银行	工行福州市分行东湖路分理处

出票金额	人民币（大写）	贰拾玖万贰仟伍佰元整	亿 千 百 十 万 千 百 十 元 角 分
			¥ 　　　 2 9 2 5 0 0 0 0

汇票到期日（大写）	贰零壹柒年陆月贰拾肆日	付款行	行号	9800065434
承兑协议编号	46785608		地址	广州市幸福大街234号

本汇票请你行承兑，到期无条件付款。

本汇票已经承兑，到期日由本行付款汇款。

承兑日期 2016 年 12 月 24 日

出票人签章

复核　　记账

备注：

此联是收款人开户行随托收凭证寄付款行作借方凭证队件

业务 59-1

中国工商银行
转账支票存根

附加信息

出票日期 2016 年 12 月 24 日

收款人：福州建筑工程公司

金　额：¥13500.00

用　途：工程款

单位主管 方荣　　会计 张玉华

业务 59-2

福建增值税普通发票

3501361120

No.**34587900**

开票日期：2016 年 12 月 24 日

购买方	名　称：	榕辉机械有限责任公司
	纳税人识别号：	566370203024276
	地　址、电　话：	福州市东湖路9号 0591-83558666
	开户行及账号：	工行福州市分行东湖路分理处 5800033807005857779

密码区：（略）

货物或应税劳务、服务名称	规格型号	单位	数量	单价	金额	税率	税额
仓库工程款					131067.96	3%	3932.04
合　计					¥131067.96		¥3932.04

价税合计(大写)　⊗壹拾叁万伍仟元整　　(小写)¥135000.00

销售方	名　称：	福州建筑工程公司
	纳税人识别号：	566370209096532
	地　址、电　话：	福州市广源大街666号 0591-83577799
	开户行及账号：	工行广源分理处 5800033807000999078

备注：转账支票结

（福州建筑工程公司 566370209096532 发票专用章）

收款人：　　　复核：　　　开票人：苏红　　　销售方：(章)

业务 60

银行借款利息计算单

2016年 12月 24日

借款种类	借款金额	年贷款利率	月利息额	备注
长期借款	1200000.00	10%	10000.00	计提本年度利息¥120000.00
				用于仓库基建工程
合　计	1200000.00		10000.00	

编制：张玉华　　　　　　审核：方荣

业务 61

非税收入一般缴款书(收据)4

No. 45557890
执收单位编码: 3503913576
组织机构代码: 350351633

填制日期: 2016 年 12 月 25 日　执收单位名称:

付款人	全称	榕辉机械有限责任公司	收款人	全称	福州市安全生产监督管理局	
	账号	5800033807005857779		账号		
	开户行	工行福州市分行东湖路分理处		开户行		
币种: 人民币　金额(大写)⊗伍佰元整					(小写): ¥500.00	
项目编码	收入项目名称		单位	数量	收缴标准	金额
	罚款		元	1		500.00
执收单位(盖章) 经办人(签章)			备注: 现金结算			

第四联　执收单位给缴款人的收据

校验码:

业务 62

中国工商银行
现金支票存根
10203310
10613654

附加信息

出票日期 *2016* 年 *12* 月 *25* 日

收款人:	榕辉机械有限责任公司
金　额:	¥2000.00
用　途:	备用金
单位主管 方荣	会计 张玉华

业务 63-1

榕辉机械有限责任公司
关于没收包装物押金处理的批复

福州金山贸易公司为了包装产品，从我公司借包装物铁盒 48 个，现逾期未还，经核属实。根据合同规定，没收其押金 13 161.60 元(人民币壹万叁仟壹佰陆拾壹元陆角整)，作"其他业务收入"处理。

特此批复。

榕辉机械有限责任公司财务部
盖章
2016.12.25

业务 63-2

3501161160

No.37904320

开票日期：2016 年 12 月 24 日

购买方	名　　称	福州金山贸易公司			密码区	(略)		
	纳税人识别号	566370206234156						
	地　址、电话	福州市浦上大路354号 0591-32883748						
	开户行及账号	工行福州金山支行3412346854453609						
货物或应税劳务、服务名称	规格型号	单位	数量	单价	金额		税率	税额
铁盒		件	48	234.36	11249.23		17%	1912.37
合　　计					¥11249.23			¥1912.37
价税合计(大写)		⊗壹万叁仟壹佰陆拾壹元陆角整			(小写) ¥13161.60			
销售方	名　　称	榕辉机械有限责任公司			备注	银行转账		
	纳税人识别号	566370203024276						
	地　址、电话	福州市东湖路9号 0591-83558666						
	开户行及账号	中国工商银行福州市分行东湖路分理处 580033807005857779						

收款人：　　　复核：　　　开票人：张玉华　　　销售方：(章)

业务 64

领 料 单

领料单位：机修车间
用　　途：生产

2016 年 12 月 25 日　　　　　　　　　　　　　　　　　　　　　　No. 12016

材料类别	材料名称及规格	计量单位	数　量		单　价	金　额
			请领	实领		
原料	甲材料	千克	60	60	11	660

记账：张玉华　　　　　　　　　　发料：许强　　　　　　　　　领料：王猛

业务 65-1

江苏增值税专用发票
发票联

3511161130

No.**90067203**

开票日期：2016 年 12 月 28 日

购买方	名　　　称：榕辉机械有限责任公司
	纳税人识别号：566370203024276
	地　址、电　话：福州市东湖路9号　0591-83558666
	开户行及账号：工行福州市分行东湖路分理处　5800033807005857779

密码区：（略）

货物或应税劳务、服务名称	规格型号	单位	数量	单价	金额	税率	税额
乙材料		千克	3000	10.00	30000.00	17%	5100.00
合　计					¥30000.00		¥5100.00

价税合计(大写)　⊗叁万伍仟壹佰元整　　　　　　　(小写)　¥35100.00

销售方	名　　　称：南京机械配件有限公司
	纳税人识别号：786342009432456
	地　址、电　话：南京市宁海路80号　025-58606660
	开户行及账号：工行南京支行　7800453807006007865

备注：信汇支付

（南京机械配件有限公司　786342009432456　发票专用章）

收款人：　　　　　复核：　　　　　开票人：闫燕　　　　　销售方：(章)

第三联 发票联 购买方记账凭证

业务 65-2

入 库 单

存放地点：
供货单位：南京机械配件公司　　　　2016年12月28日　　　　　　　第　号

类别	编号	名称型号	单位	数量	单位成本	金额	用途
		乙材料	千克	3000	9.00	27000.00	生产
		合　计		3000		27000.00	

负责人：黄宝成　　　经发：王梅　　　保管：许强　　　填单：王梅

第三联 财务记账

业务 65-3

中国工商银行 信汇凭证(回单)1

委托日期：2016 年 12 月 28 日

汇款人	全　称	榕辉机械有限责任公司	收款人	全　称	南京机械配件有限公司
	账　号	5800033807005857779		账　号	786342009432456
	汇出地点	福建 省 福州 市/县		汇入地点	江苏 省 南京 市/县
	汇出行名称	中国工商银行福州市分行东湖路分理处		汇入行名称	工行南京支行

金额	人民币(大写)	叁万伍仟壹佰元整	亿	千	百	十	万	千	百	十	元	角	分
						¥	3	5	1	0	0	0	0

东湖分理
2016.12.28
转讫

支付密码 ******

附加信息及用途：

汇出行签章　　　　　　　　　　　　复核　　　　记账

此联是汇出行给汇款人的回单

业务 66-1

产 品 出 库 单

购货单位：福州顺达公司
用　　途：销售　　　　日期：2016 年 12 月 28 日

名称	单位	应发	实发	单价	价款	税款	总货款
B产品	件	200	200	200.00	40000.00	6800.00	46800.00
合　计		200	200		40000.00	6800.00	46800.00

第三联　财务记账

负责人：王兰金　　　经发：王乐　　　保管：许强　　　填单：王乐

业务 66-2

福建增值税专用发票
记账联

No.37904321

3501161150

开票日期：2016 年 12 月 28 日

购买方	名　　　称：福州顺达公司 纳税人识别号：566370203234671 地　址、电　话：福州市东大路103号 0591-83558666 开户行及账号：工商红旗支行 5800033809076390450	密码区	(略)

货物或应税劳务、服务名称	规格型号	单位	数量	单价	金额	税率	税额
B产品		件	200	200.00	40000.00	17%	6800.00
合　计					¥40000.00		¥800.00

价税合计(大写)　⊗肆万陆仟捌佰元整　　　(小写)　¥46 800.00

| 销售方 | 名　　　称：榕辉机械有限责任公司
纳税人识别号：566370203024276
地　址、电　话：福州市东湖路9号 0591-83558666
开户行及账号：工行福州市分行东湖路分理处 5800033807005857779 | 备注 | 银行转账
566370203024276
发票专用章 |

收款人：　　　　复核：　　　　开票人：张玉华　　　　销售方：(章)

业务 66-3

中国工商银行 进 账 单（收账通知）3

2016 年 12 月 28 日

出票人	全 称	福州顺达公司	收款人	全 称	榕辉机械有限责任公司
	账 号	5800033809076390450		账 号	5800033807005857779
	开户银行	工行福州市分行红旗分理处		开户银行	工行福州市分行东湖路分理处

金额	人民币（大写）	肆万陆仟捌佰元整	亿	千	百	十万	千	百	十	元	角	分
					¥	4	6	8	0	0	0	0

票据种类	支票	票据张数	1
票据号码			

东湖分理
2016.12.28
转讫

收款人开户银行签章

复核　　　记账

此联是收款人开户银行交给收款人的收账通知

业务 67

成交过户交割单

2016 年 12 月 28 日　　　　　　　　　　　　　　　　　　买

股东编号：691337　　　证券名称：　　永辉股票

电脑编号：6098978　　　成交数量：　　10 000 股

公司代码：876756879　　成交价格：　　7.10 元

申请编号：　　　　　　　成交金额：　　71 000.00 元

成交日期：12/28/2016　　标准佣金：　　213.00 元

交割日期：12/28/2016　　过户费用：　　30.00 元

上次余额：0 股　　　　　印 花 税：

本次成交：10 000 股　　　应付金额：

本次余额：10 000 股　　　附加费用：　　5.00 元

业务 68-1

```
       中国工商银行
       现金支票存根
        10203310
        10613654

附加信息


出票日期 2016 年 12 月 28 日
收款人：榕辉机械有限责任
        公司
金  额：¥8850.00
用  途：餐补

单位主管 方荣    会计 张玉华
```

业务 68-2

榕辉机械有限责任公司职工午餐补贴发放汇总表

2016 年 12 月 31 日　　　　　　　　　　　　　　　单位：元

部　门		补贴金额	小　计
一车间	A 产品生产工人	3 000.00	4200.00
	管理人员	1 200.00	
二车间	B 产品生产工人	2 550.00	3450.00
	管理人员	900.00	
机修车间	生产工人	450.00	600.00
	管理人员	150.00	
行政管理人员		600.00	600.00
合　计		8850.00	8850.00

主管：方荣　　　　　　　制表：张玉华

业务 69-1

中国工商银行 电汇凭证(回单) 1

□普通 □加急		委托日期：2016 年 12 月 28 日			

汇款人	全 称	榕辉机械有限责任公司	收款人	全 称	广州建筑工程集团
	账 号	5800033807005857779		账 号	9665033807000965733
	汇出地点	福建 省 福州 市/县		汇入地点	广东 省 广州 市/县
	汇出行名称	工行福州市分行东湖路分理处		汇入行名称	工行多宝街分理处

金额	陆拾万元整	亿 千 百 十 万 千 百 十 元 角 分
		￥ 6 0 0 0 0 0 0 0

东湖分理
2016.12.28
转讫

票证安全码：
附加信息及用途：
仓库工程款

汇出行签章　　复核：　　记账：

此联汇出行给汇款人的回单

业务 69-2

广东增值税普通发票
发票联

No.76079536

3501161122

开票日期：2016 年 12 月 28 日

购买方	名　　称	榕辉机械有限责任公司	密码区	(略)
	纳税人识别号	566370203024276		
	地址、电话	福州市东湖路9号 0591-83558666		
	开户行及账号	工行福州市分行东湖路分理处 5800033807005857779		

货物或应税劳务、服务名称	规格型号	单位	数量	单价	金额	税率	税额
仓库工程款					582524.27	3%	17475.73
合　计					￥582524.27		￥17475.73

价税合计(大写)　⊗陆拾万元整　　(小写)￥600 000.00

销售方	名　　称	广州建筑工程集团	备注	电汇方式结算
	纳税人识别号	976231006723123		
	地址、电话	广州市多宝街9088号 020-76549909		
	开户行及账号	工行多宝街分理处 9665033807000965733		

广州建筑工程集团
976231006723123
发票专用章

收款人：　　复核：　　开票人：于睿　　销售方(章)

业务 70

无形资产摊销分配表

单位：元

无形资产名称	原　　值	摊销年限	月摊销额	备　注
专利权	120 000.00	10	1 000.00	行政部门
合　　计			1 000.00	

财务科长：方荣　　　　　　　　　　　　　　　制表：张玉华

业务 71

固定资产折旧汇总表

单位：元

部　　门	房屋及建筑物	机器设备	小 轿 车	合　　计
一 车 间	19 000	10 200		29 200
二 车 间	14 000	11 000		25 000
机修车间	6 600	1 620		8 220
行政部门	13 000		4 000	17 000
合　　计	52 600	22 820	4 000	79 420

财务科长：方荣　　　　　　　　　　　　　　　制表：张玉华

业务 72

银行借款利息计算单

2016 年 12 月 29 日　　　　　　　　　　　　　　　单位：元

借款种类	借款金额	年贷款利率	月利息额	备　　注
短期借款	38 000.00	6%	190.00	经营周转
合　　计	38 000.00		190.00	

制表：张玉华　　　　　　　　　　　　　　　财务科长：方荣

业务 73-1

ICBC 中国工商银行托收凭证(付款通知)5

委托日期：2016 年 12 月 29 日　　付款期限　年　月　日

业务类型	委托收款(□邮划、☑电划)		托收承付(□邮划、□电划)	
汇款人	全称	榕辉机械有限责任公司	收款人	全称	福州市供电局
	账号	5800033807005857779		账号	5800033807002310078
	地址	福建省福州市县	开户行	工行福州市分行东湖路分理处	地址	福建省福州市县	开户行	工行福州市分行东湖路分理处

金额	人民币(大写)	伍万捌仟伍佰元整	亿	千	百	十	万	千	百	十	元	角	分
						¥	5	8	5	0	0	0	0

款项内容	电费	托收凭据名称	增值税专用发票	附寄单证张数	1

商品发运情况：　　　　　　　　合同名称号码：

备注：

付款人开户银行收到日期：　　　年　月　日

东湖分理
付款人开户银行签章：
2016.12.29
转讫

复核　　记账　　　　　　　　　　年　月　日

此联是付款人开户银行给付款人的按期付款通知

业务 73-2

福建增值税专用发票

发票联　　No.82408796

3501761130

开票日期：2016 年 12 月 29 日

购买方	名称：	榕辉机械有限责任公司	密码区	(略)
	纳税人识别号：	566370203024276		
	地址、电话：	福州市东湖路9号 0591-83558666		
	开户行及账号：	工行福州市分行东湖路分理处 5800033807005857779		

货物或应税劳务、服务名称	规格型号	单位	数量	单价	金额	税率	税额
电费		度	50000	1.00	50000.00	17%	8500.00
合计					¥50000.00		¥8500.00

价税合计(大写)　⊗伍万捌仟伍佰元整　　(小写) ¥58500.00

销售方	名称：	福州市供电局	备注	福州市供电局 578930213076932 发票专用章
	纳税人识别号：	578930213076932		
	地址、电话：	福州市东湖路1024号 0591-83288888		
	开户行及账号：	工行福州市分行东湖路分理处 5800033807002310078		

收款人：　　复核：　　开票人：何丽丽　　销售方：(章)

业务 74

领 料 单

领料单位：二车间

用　　途：生产B产品　　　　2016年12月28日　　　　No.12017

材料类别	材料名称及规格	计量单位	数量 请领	数量 实领	单价	金额
原料	丙材料	件	900	900		

记账：张玉华　　　　　　发料：许强　　　　　　　　　　　　　领料：张美丽

业务 75-1

ICBC 中国工商银行托收凭证(付款通知)5

委托日期：2016年12月29日　　付款期限　年　月　日

业务类型	委托收款(□邮划、☑电划)		托收承付(□邮划、□电划)										
汇款人	全称	榕辉机械有限责任公司	收款人	全称	福州市自来水公司								
	账号	5800033807005857779		账号	6790033807006754 4321								
	地址	福建省福州 市县	开户行	工行福州市分行东湖路分理处	地址	福建省福州 市县	开户行	工商银行福州市分行					
金额	人民币(大写)	贰仟贰佰陆拾伍元陆角伍分			亿	千	百	十	万	千	百	十	元 角 分
									￥	2	2	6	5 6 5
款项内容	水费		托收凭据名称	增值税专用发票	附寄单证张数				1				
商品发运情况			合同名称号码										

备注：

付款人开户银行收到日期：　　　　　　　　付款人注意：
　　　　　年　月　日　　　　　　　　　　1. 根据支付结算办法，上列委托收款(托收未付)款项再付款期限内未提出拒付，即视为同意付款，以此代付款通知。
付款人开户银行签章：
2016.12.30 转讫 东湖分理　　　　　　　2. 如需提出全部或部分拒付，应在规定期限内，将拒付理由书并附债务证明退交开户银行。

复核　　　记账　　　　　年　月　日

此联是付款人开户银行给付款人的按期付款通知

业务 75-2

福建增值税专用发票 发票联

No.83249060

3505161130

开票日期：2016年12月29日

购买方	名称：榕辉机械有限责任公司				密码区			
	纳税人识别号：5663702030024276							
	地址、电话：福州市东湖路9号 0591-83558666				（略）			
	开户行及账号：中国工商银行福州市分行东湖路分理处 5800033807005857779							

货物或应税劳务、服务名称	规格型号	单位	数量	单价	金额	税率	税额
水费		吨	10025	0.20	2005.00	13%	260.65
合计					¥2005.00		¥260.65

价税合计（大写）　⊗贰仟贰佰陆拾伍元陆角伍分　　　（小写）¥2265.65

销售方	名称：福州市自来水公司		备注	
	纳税人识别号：578930089321560			
	地址、电话：福州市广源路2486号 0591-56789999		（福州市自来水公司 578930089321560 发票专用章）	
	开户行及账号：工行广源路分理 67900338070067544321			

收款人：　　　复核：　　　开票人：王子轩　　　销售方：（章）

业务 76

中国工商银行信汇凭证（收账通知）4

委托日期：2016年12月30日

汇款人	全称	云南无线电厂	收款人	全称	榕辉机械有限责任公司
	账号	6575800097685		账号	5800033807005857779
	汇出地点	云南省 昆明市/县		汇入地点	福建省 福州市/县
	汇出行名称	工行昆明分行新华分理处		汇入行名称	工行福州市分行东湖路分理处

金额	人民币（大写）	叁拾万贰仟壹佰伍拾陆元柒角捌分	亿	千	百	十	万	千	百	十	元	角	分
				¥	3	0	2	1	5	6	7	8	

款项已收入收款人账户

东湖分理
2016.12.30
转讫

支付密码　******

附加信息及用途：货款

汇出行签章　　　复核　　　记账

业务 77

差 旅 费 报 销 单

报销日期：2016 年 12 月 30 日

部门	机修车间	出差人	陈珊	事由		联系业务			
出差日期	起止地点	飞机	火车	汽车	市内交通	住宿费	会务费	其他	单据
12月28日	福州至泉州		70.00						1
12月29日	泉州至福州		70.00			370.00			2
小 计			¥140.00			¥370.00			
合 计		¥510.00							
报销金额	人民币(大写)伍佰壹拾元整				¥510.00				
原借款		报销额	¥510.00		应退还			应补付	¥510.00
财会审核意见	已审核			审批人意见					

主管：方荣　　　　　会计：张玉华　　　　　出纳：赵梅　　　　　报销人：陈珊

业务 78

榕辉机械有限责任公司工资结算汇总支付表

2016 年 12 月 30 日　　　　　　　　　　　　　　　　　　　　单位：元

部　门		应付工资			
		基本工资	岗位工资	超额奖励	合　计
生产车间	A产品(生产工人)	50 000.00	30 000.00	31 000.00	111 000.00
	B产品(生产工人)	45 000.00	25 000.00	18 000.00	88 000.00
	一车间管理人员	23 000.00	9 000.00	7 600.00	39 600.00
	二车间管理人员	18 000.00	8 500.00	5 100.00	31 600.00
机修车间	生产工人	9 100.00	5 800.00	5 000.00	19 900.00
	管理人员	1 900.00	980.00	880.00	3 760.00
行政管理人员		9 600.00	6 400.00	2 950.00	18 950.00
合　计		156 600.00	85 680.00	70 530.00	312 810.00

主管：方荣　　　　　　　　　　制表：张玉华

业务 79

榕辉机械有限责任公司"五险一金"计提表

2016 年 12 月 30 日　　　　　　　　　　　　　　　　　　　　　　单位：元

部　门		计费基础	养老保险 20%	医疗保险 8%	失业保险 2%	工伤保险 1%	生育保险 1%	住房公积金 10%	合　计
生产车间	A 产品生产工人								
	B 产品生产工人								
	一车间管理人员								
	二车间管理人员								
机修车间	生产工人								
	管理人员								
行政管理人员									
合　计									

主管：方荣　　　　　　　　　　　　　制表：张玉华

业务 80

榕辉机械有限责任公司职工午餐补贴发放汇总表

2016 年 12 月 30 日　　　　　　　　　　　　　　　　　　　　　　单位：元

部　门		补贴金额	小　计
一车间	A 产品生产工人	3 000.00	4 200.00
	管理人员	1 200.00	
二车间	B 产品生产工人	2 550.00	3 450.00
	管理人员	900.00	
机修车间	生产工人	450.00	600.00
	管理人员	150.00	
行政管理人员		600.00	600.00
合　计		8 850.00	8 850.00

主管：方荣　　　　　　　　　　　　　制表：张玉华

业务 81

榕辉机械有限责任公司工会经费、职工教育经费计提表

2016 年 12 月 30 日　　　　　　　　　　　　　　　　　单位：元

部　门	人员类别	工资总额	工会经费2%	职工教育经费1.5%	合　计
第一车间	生产人员（A产品）				
	管理人员				
第二车间	生产人员（B产品）				
	管理人员				
机修车间	生产人员				
	管理人员				
行政管理人员					
合　计					

主管：方荣　　　　　　　　　　　　制表：张玉华

业务 82-1

中国工商银行
转账支票存根

附加信息 _____
_____

出票日期 *2016* 年 *12* 月 *31* 日

收款人：*福州市总工会*

金　额：*¥6256.20*

用　途：*交12月份工会经费*

单位主管 *方荣*　　会计 *张玉华*

业务 82-2

非税收入一般缴款书(收据)4

No.9214812
执收单位编码：3501013501
组织机构代码：350100100113

填制日期：2016 年 12 月 31 日　　执收单位名称：福州市总工会

付款人	全　称	榕辉机械有限责任公司	收款人	全　称	福州市总工会
	账　号	5800033807005857779		账　号	658031807005057178
	开户行	工行福州市东湖路分理处		开户行	农行福州市台江支行

币种：人民币　　金额(大写)⊗陆仟贰佰伍拾陆元贰角整　　(小写)：¥6256.20

项目编码	收入项目名称	单　位	数　量	收缴标准	金　额
	工会经费	元	1		6256.20

执行单位(盖章)　　　　　　　　　　　　　备注：

（福州市总工会 财务专用章）　　　　　　　12月份工会经费

经办人(签章) 林严敏

第四联　执收单位给缴款的人的收据

校验码：

- ✂ - - -

业务 83

榕辉机械有限责任公司 材料验收单汇总表

2016 年 12 月 31 日　　　　　　　　　　　　　　　单位：元

材料名称	购料时间	规格	单位	实　际			计　划			备注
				数量	单价	金额	数量	单价	金额	
合　计										

采购员：黄宝成　　　　　　　　　　保管员：许强

业务 84

榕辉机械有限责任公司材料成本差异计算表

2016 年 12 月 31 日　　　　　　　　　　　　　　　　　　　　单位：元

成本差异＼项目	实际成本	计划成本	材料成本差异
甲材料			
乙材料			
合　计			

主管：方荣　　　　　　　　　　　　制表：张玉华

业务 85

榕辉机械有限责任公司存货盘存报告单

2016 年 12 月 31 日　　　　　　　　　　　　　　　　　　　　单位：元

| 编号 | 名称 | 计量单位 | 账存实存对比差异 | | | | | | 盘亏原因及拟处理意见 |
| | | | 盘　盈 | | | 盘　亏 | | | |
			数量	单价	金额	数量	单价	金额	
	丙材料	件				50	32.5	1 625	因管理不善，拟入管理费用
合　计						50		1 625	

主管：方荣　　　　　　　　　　　　制表：张玉华

业务 86

榕辉机械有限责任公司材料消耗汇总表

2016 年 12 月 31 日　　　　　　　　　　　　　　　　　　　　单位：元

用　途	材料名称	主要材料				合　计
		甲材料		乙材料		
		数量（千克）	金额（元）	数量（千克）	金额（元）	
产品领用	A 产品					
	B 产品					
生产车间一般耗用	一车间					
	二车间					
辅助车间领用	机修车间					
行政管理部门						
其他业务成本						
合　计						

主管：方荣　　　　　　　保管：许强　　　　　　　　　　　制表：张玉华

业务 87-1

榕辉机械有限责任公司甲材料成本差异分配表

2016 年 12 月 31 日　　　　　　　　　　　　　　　　　　　　单位：元

部门（科目）	材料计划成本	材料成本差异率	分摊材料成本差异
产品领用：			
A 产品			
B 产品			
车间一般消耗：			
一车间			
二车间			
辅助车间领用：			
机修车间			
其他业务成本			
行政管理部门			
合　计			

主管：方荣　　　　　　　　　　制表：张玉华

业务 87-2

榕辉机械有限责任公司乙材料成本差异分配表

2016 年 12 月 31 日　　　　　　　　　　　　　　　　　　　　　单位：元

部门（科目）	材料计划成本	材料成本差异率	分摊材料成本差异
产品领用：			
A 产品			
B 产品			
车间一般消耗：			
一车间			
二车间			
辅助车间领用：			
机修车间			
行政管理部门			
合　计			

主管：方荣　　　　　　　　　　　　　　制表：张玉华

业务 88

榕辉机械有限责任公司电费分配表

2016 年 12 月 31 日　　　　　　　　　　　　　　　　　　　　　单位：元

部门	项目	耗电量（度）	分配率	分配金额
基本生产车间	一车间	30 000		
	二车间	10 000		
小　计		40 000		
机修车间		7 000		
行政部门		3 000		
合　计		50 000		

主管：方荣　　　　　　　　　　　　　　制表：张玉华

业务 89

榕辉机械有限责任公司水费分配表

2016 年 12 月 31 日　　　　　　　　　　　　　　单位：元

部门	项目	耗水量（吨）	分配率	分配金额
基本生产车间	一车间	4 500		
	二车间	3 900		
小　计		8 400		
机修车间		680		
行政部门		945		
合　计		10 025		

主管：方荣　　　　　　　　　　　制表：张玉华

业务 90

榕辉机械有限责任公司辅助生产费用分配表

2016 年 12 月 31 日　　　　　　　　　　　　　　单位：元

受益部门	维修工时	分配率	分配额（元）
一车间	2 500		
二车间	2 000		
行政部门	500		
合　计			

主管：方荣　　　　　　　　　　　制表：张玉华

业务 91

榕辉机械有限责任公司制造费用分配表

2016 年 12 月 31 日　　　　　　　　　　　　　　单位：元

车间	受益对象	产品产量	分配额（元）
一车间	A 产品		
二车间	B 产品		
合　计			

主管：　　　　　　财务：　　　　　　制表：

业务 92-1

榕辉机械有限责任公司产品成本计算单

产品名称：A 产品　　　　　　　2016 年 12 月 31 日　　　　　　　单位：元

项　目	直接材料	直接人工	制造费用	合　计
月初在产品成本				
本月生产费用				
生产费用合计				
约当产量				
分配率				
月末完工产品成本				
月末在产品成本				

主管：方荣　　　　　　　　　　　　　　　制表：张玉华

业务 92-2

榕辉机械有限责任公司产品成本计算单

产品名称：B 产品　　　　　　　2016 年 12 月 31 日　　　　　　　单位：元

项　目	直接材料	直接人工	制造费用	合　计
月初在产品成本				
本月生产费用				
生产费用合计				
约当产量				
分配率				
月末完工产品成本				
月末在产品成本				

主管：方荣　　　　　　　　　　　　　　　制表：张玉华

业务 92-3

榕辉机械有限责任公司产品成品入库汇总表

2016 年 12 月 31 日　　　　　　　　　　　　　　　　　　　　　单位：元

产品名称	计量单位	实收数量	单位成本	实际成本
A 产品	件			
B 产品	件			
合　计				

主管：方荣　　　　　　　　　　　　　　制表：张玉华

业务 93-1

榕辉机械有限责任公司 A 产品销售汇总单

2016 年 12 月 31 日　　　　　　　　　　　　　　　　　　　　　单位：元

销售时间	计量单位	数　量	单位成本	总成本
合　计				

主管：方荣　　　　　　保管：许管　　　　　　制表：张玉华

业务 93-2

榕辉机械有限责任公司 B 产品销售汇总单

2016 年 12 月 31 日　　　　　　　　　　　　　　　　　　　　　单位：元

销售时间	计量单位	数　量	单位成本	总成本
合　计				

主管：方荣　　　　　　保管：许管　　　　　　制表：张玉华

业务 94

榕辉机械有限责任公司未交增值税结转表

2016 年 12 月 31 日　　　　　　　　　　　　　　　　单位：元

项　目	栏　次	金　额
本期销项税额	1	
本期进项税额	2	
本期进项税额转出	3	
本期允许抵扣进项税额	4=2-3	
本期应纳税额	5=1-4	
本期已预缴税额	6	
期末未缴税额或尚未抵扣税额	7=5-6	
转出多交增值税合计	8	
转出未交增值税合计	9	

主管：方荣　　　　　　　　　　　　制表：张玉华

业务 95

榕辉机械有限责任公司税金及附加计算表

2016 年 12 月 31 日　　　　　　　　　　　　　　　　单位：元

项　目	计税（费）依据	金　额	税（费）率	应纳税（费）额
城市维护建设税	增值税		7%	
小　计				
教育费附加	增值税		3%	
小　计				
地方教育费附加	增值税			
小　计				
合　计				

主管：方荣　　　　　　　　　　　　制表：张玉华

业务 96

榕辉机械有限责任公司交易性金融资产期末成本与市价对比表

2016 年 12 月 31 日   单位：元

交易性金融资产明细账	交易性金融资产期末成本	交易性金融资产期末市价	公允价值变动损益
永宏债券		52 300.00	
欣荣股票		63 300.00	
永辉股票		75 000.00	
合　计			

主管：方荣　　　　　　　　　　　制表：张玉华

业务 97

榕辉机械有限责任公司关于存货盘亏的处理意见

榕辉总 (2016) 第 110 号

盘亏的丙材料属于保管员保管不善造成的，经研究决定由保管员许强赔偿 40%，其他部分列作管理费用。

榕辉机械有限责任公司

2016 年 12 月 31 日

业务 98

榕辉机械有限责任公司固定资产减值计算表

2016 年 12 月 31 日　　　　　　　　　　　　　　　　　　单位：元

固定资产项目	账面价值	期末可收回金额	计提的固定资产减值准备
一车间机器设备		675 804.51	
合　计			

主管：方荣　　　　　　　　　　　制表：张玉华

业务 99

榕辉机械有限责任公司无形资产减值计算表

2016 年 12 月 31 日　　　　　　　　　　　　　　　　　　单位：元

无形资产项目	账面价值	期末可收回金额	计提的无形资产减值准备
专利权		90 000.00	
合　计			

主管：方荣　　　　　　　　　　　制表：张玉华

业务 100

榕辉机械有限责任公司坏账准备计算表

2016 年 12 月 31 日　　　　　　　　　　　　　　　　　　单位：元

项　目	期末余额	计提比例 (%)	提取前"坏账准备"账户借方 (+) 或贷方 (-) 余额	应计提坏账准备
应收账款		1%		
其他应收款		1%		
合　计				

主管：方荣　　　　　　　　　　　制表：张玉华

业务 101

榕辉机械有限责任公司收益类账户本月发生额汇总表

2016 年 12 月 31 日　　　　　　　　　　　　　　　　单位：元

收益类账户	金　额	备　注
主营业务收入——A 产品		
主营业务收入——B 产品		
其他业务收入		
投资收益		
营业外收入		
合　计		

主管：方荣　　　　　　　　　　　　　　制表：张玉华

业务 102

榕辉机械有限责任公司成本费用类账户本月发生额汇总表

2016 年 12 月 31 日　　　　　　　　　　　　　　　　单位：元

成本费用类账户	金　额	备　注
主营业务成本——A 产品		
主营业务成本——B 产品		
其他业务成本		
税金及附加		
销售费用		
财务费用		
管理费用		
营业外支出		
资产减值损失		
公允价值变动损益		
合　计		

主管：方荣　　　　　　　　　　　　　　制表：张玉华

业务 103-1

榕辉机械有限责任公司暂时性差异计算表

2016 年 12 月 31 日　　　　　　　　　　　　　　　　　　单位：元

项 目	账面价值	计税基础	暂时性差异	
			应纳税	可抵扣
交易性金融资产				
应收款项				
固定资产				
无形资产				
应付职工薪酬（职工教育经费）				
合　计				

主管：方荣　　　　　　　　　　　　　　　　制表：张玉华

业务 103-2

榕辉机械有限责任公司递延所得税计算表

2016 年 12 月 31 日　　　　　　　　　　　　　　　　　　单位：元

项 目	期末数		期初数		本期数		
	递延所得税负债	递延所得税资产	递延所得税负债	递延所得税资产	递延所得税负债	递延所得税资产	递延所得税
交易性金融资产							
应收款项							
固定资产							
无形资产							
应付职工薪酬							
合　计							

主管：方荣　　　　　　　　　　　　　　　　制表：张玉华

业务 103-3

榕辉机械有限责任公司所得税费用计算表

2016 年 12 月 31 日　　　　　　　　　　　　　　　　　单位：元

项　目	行　次	金　额
1. 税前会计利润		
2. 纳税调整项目		
①纳税调整增加项目		
资产减值损失		
公允价值变动损益		
本期计提但尚未使用的职工教育经费		
超支的业务招待费		
罚款		
②纳税调整减少项目		
3. 应纳税所得额		
4. 适用税率		25%
5. 应交所得税		
减：已预交所得税		
6. 当期应交所得税		
7. 递延所得税		
8. 所得税费用		

主管：方荣　　　　　　　　　　　制表：张玉华

业务 104

榕辉机械有限责任公司所得税费用结转表

2016 年 12 月 31 日　　　　　　　　　　　　　　　　　单位：元

应借科目	所得税费用金额	应贷科目

主管：方荣　　　　　　　　　　　制表：张玉华

业务 105

榕辉机械有限责任公司税后利润计算表

2016 年 12 月 31 日　　　　　　　　　　　　　　　　　单位：元

项　目	金　额	备　注
1—11 月份的税后利润		
12 月份的税后利润		
本年的税后利润		

主管：方荣　　　　　　　　　　　制表：张玉华

业务 106、业务 107

榕辉机械有限责任公司利润分配计算表

2016 年 12 月 31 日　　　　　　　　　　　　　　　　　单位：元

利润分配项目	分配比例	金　额
提取法定盈余公积	10%	
提取任意盈余公积	10%	
合　计		

主管：方荣　　　　　　　　　　　制表：张玉华

第六部分　附　录

一、资产负债表

资产负债表

会企01表

编制单位：　　　　　　　　　　　　　年　月　日　　　　　　　　　　　　　单位：元

资产	期末余额	年初余额	负债和所有者权益	期末余额	年初余额
流动资产：			流动负债：		
货币资金			短期借款		
以公允价值计量且其变动计入当期损益的金融资产			以公允价值计量且其变动计入当期损益的金融负债		
应收票据			应付票据		
应收账款			应付账款		
预付款项			预收款项		
应收利息			应付职工薪酬		
应收股利			应交税费		
其他应收款			应付利息		
存货			应付股利		
一年内到期的非流动资产			其他应付款		
其他流动资产			一年内到期的非流动负债		
流动资产合计			其他流动负债		
非流动资产：			流动负债合计		
可供出售金融资产			非流动负债：		
持有至到期投资			长期借款		
长期应收款			应付债券		
长期股权投资			长期应付款		
投资性房地产			专项应付款		
固定资产			预计负债		
在建工程			递延所得税负债		
工程物资			其他非流动负债		
固定资产清理			非流动负债合计		
生产性生物资产			负债合计		
油气资产			所有者权益(或股东权益)：		
无形资产			实收资本(股本)		
开发支出			资本公积		
商誉			减：库存股		
长期待摊费用			其他综合收益		
递延所得税资产			盈余公积		
其他非流动资产			未分配利润		
非流动资产合计			所有者权益(或股东权益)合计		
资产总计			负债和所有者权益(或股东权益)总计		

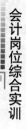

二、利润表

利润表

会企 02 表

编制单位： 年 月 日 单位：元

项 目	本期金额	上期金额
一、营业收入		
减：营业成本		
税金及附加		
销售费用		
管理费用		
财务费用		
资产减值损失		
加：公允价值变动收益(损失以"-"号填列)		
投资收益(损失以"-"号填列)		
其中：对联营企业和合营企业的投资收益		
二、营业利润(亏损以"-"号填列)		
加：营业外收入		
减：营业外支出		
三、利润总额(亏损总额以"-"号填列)		
减：所得税费用		
四、净利润(净亏损以"-"号填列)		
五、其他综合收益的税后净额		
六、综合收益总额		
七、每股收益		
(一)基本每股收益		
(二 稀释每股收益		

参 考 文 献

[1] 企业会计准则编审委员会．企业会计准则 2015 年版 [M]．上海：立信会计出版社，2015．

[2] 企业会计准则编审委员会．企业会计准则应用指南 2015 年版 [M]．上海：立信会计出版社，2015．

[3] 新发布企业会计准则解读编写组．新发布企业会计准则解读 (第 2.9.30.33.37.39.40.41 号)[M]．上海：立信会计出版社，2015．

[4] 企业会计准则编审委员会．企业会计准则案例讲解 2015 年版 [M]．上海：立信会计出版社，2015．

[5] 财政部会计资格评价中心．初级会计实务 [M]．北京：中国财政经济出版社，2015．

[6] 财政部会计资格评价中心．中级会计实务 [M]．北京：经济科学出版社，2016．

[7] 中国注册会计师协会．会计 [M]．北京：中国财政经济出版社，2016．

[8] 罗绍明．会计岗位综合实训 [M]．北京：科学出版社，2016．

[9] 孙万军．会计岗位综合实训 [M]．2 版．北京：高等教育出版社，2016．